제로 금리시대
백점 투자비법

국가대표 재테크 전문가들의 특급 전략

제로 금리시대
백점 투자비법

매일경제 서울머니쇼 취재팀 지음

매일경제신문사

Seoul
Money
Show

CONTENTS

머리말   008   재테크에 대한 '관심'이 만들어낼 큰 차이

Part 01   015   (1) 부동산 PB 4대 천왕과 다시 짜는

부동산 투자 비법과   '투자·내집마련 전략'
내집마련 전략   026   (2) 주택 시장 전망과 아파트 분양 시장 분석

                      039   (3) 저축보다 나은 월세,
                                   수익형 부동산 활용하기

                      048   (4) 다시 조명받는 재건축과 재개발,
                                   단지·지역별 분석

                      056   (5) 자산을 불리는 틈새재테크
                                   '경매와 부실채권'

Part 02   073   (1) 혼돈의 글로벌 경제,

초저금리 시대의   투자 전략의 패러다임이 바뀐다
현명한 증시 투자법   082   (2) 최고 펀드매니저 3인의 가치주 가려내기

                      092   (3) 초저금리의 돌파구 '펀드' 새로 보기

                      103   (4) 스타 펀드매니저의 트렌드 종목 찾기

                      111   (5) 종목 투자가 어렵다면 ETF 활용하라

                      120   (6) 진화하는 주가연계 상품의 세계

                      127   (7) 후강퉁과 해외 주식 철저 가이드

Part 03

**재테크 베스트셀러
작가들의
스페셜 코칭**

139   (1) 김태훈 법무법인 열린 이사
       – 부동산 경매로 월세 받기

149   (2) 이명로 푸르덴셜생명 LP
       – 월급쟁이가 부자 되는 비결

159   (3) 신동일 국민은행 대치PB센터 부센터장
       – '장사의 신'에게 배우는 창업 전략

Part 04

**국가대표 은행PB들의
초저금리와
100세 시대 재테크**

171   (1) 신한·우리·하나은행 대표 PB
       – 연광희, 박승안, 강원경

181   (2) 국민·기업·외환은행 대표 PB
       – 공성율, 이영아, 심기천

191   (3) 신한·우리·씨티은행 대표 PB
       – 심종태, 신현조, 이진성

Part 05

**떠오르는 재테크,
절세와 리파이낸싱**

205   (1) 수익률 높이는 부동산 절세의 기술

214   (2) '소장펀드에서 연금저축까지'
       절세 상품의 재발견

224   (3) '내집마련에서 투자까지' 맞춤형 대출 방법

Part 06

100세 시대를 위한
노후 준비

235 (1) 노후 준비의 기본, 국민연금 사용 설명서

243 (2) '자기계발에서 생활비까지'
      성공한 노후 준비의 조건

251 (3) 100세 시대, 연금과 보험 100% 활용 가이드

Part 07

실패를 줄이는
창업 노하우

265 (1) 소자본 창업 트렌드와 업종별 전략

273 (2) '국내 창업에서 해외 진출까지'
      창업 전략의 재구성

부록

281 2015 서울머니쇼 정리 및 전망

재테크에 대한 '관심'이
만들어낼 큰 차이

요즘 '재테크의 혹한기'라는 말이 자주 들린다. 한국은행의 기준 금리가 1%대로 내려갔고 은행의 정기예금 금리도 1%대 초중반에 그쳐 물가 상승률을 감안하면 실질적으로 '마이너스 금리' 시대에 살고 있음을 두고 하는 말이다.

퇴직을 하고도 30여 년을 버텨야 하는 고령화 사회에서 노후 준비를 위한 재테크의 중요성은 갈수록 커지고 있는데, 돈 굴릴 환경은 더욱 악화되고 있는 셈이다.

재테크 혹한기를 극복할 방법은 다양하다. 먼저 세금 한 푼이라도 아끼는 게 재테크의 핵심이다. 절세 상품을 살펴보는 세테크 시대가 다가오고 있는 것이다. 펀드나 주가연계 상품, 해외 시장으로 눈을 돌려보는 것도 중요한 대안이다. 또한, 상가 등 수익형 부동산을 통해 월세를 노리거나 대출이나 자산을 다시 설계해 쓸데없이 나가는 돈을 줄여야 한다.

하지만 개인마다 자산이나 처한 상황이 다르니 이런 충고들을 일률적으로 받아들일 수는 없는 노릇이다. 그렇다면 이런 조언들을 자신의 상황에 맞춰 효과적으로 받아들이고 구체적 전략으로 만들어 재테크 혹한기에도 좋은 수익을 내려면 무엇이 필요할까?

당연한 얘기 같지만, 그동안 재테크에 성공한 사람들을 여러 명 만나면서 공통적으로 읽을 수 있었던 성공 키워드는 재테크에 대한 '관심과 열정'이었다. 재테크를 위해 신문을 읽고, 많은 전문가를 찾아다니는 등 발품을 판 사람들이 결국은 자신에게 맞는 '효과적 재산 불리기 방식'을 찾아냈다.

과거 부동산 가격이 급등하던 시기나 7~8% 이상의 금리를 기대할 수 있던 때에는 소위 '얻어걸리는' 투자도 있었지만 요즘같이 수익률 0.1%포인트를 두고 고민해야 하는 시기엔 관심과 열정이 만들어낼 수 있는 성과의 차이는 클 수밖에 없다.

특히 재테크에 대한 관심을 언제, 얼마나 깊게 가졌느냐에 따라 노후의 생활 안정성은 크게 차이 날 것이다. 건전하게 '돈 불리는 법'에조차 둔감하게 반응하는 것은 미래 한국의 모습을 감안하면 무책임한 행동일 수도 있다. 재테크를 등한시하고 노후 준비를 안 한 사람일수록 100세 시대에 접어들 한국에서는 미래 세대와 국가 재정에 부담을 줄 수밖에 없기 때문이다.

매일경제가 지난 2010년부터 국내 최대 종합재테크 박람회인 '서울머니쇼'를 개최해온 이유도 여기에 있다. 많은 사람들이 재테크에 대해 건전한 관심을 갖고 올바르게 자산을 관리해나가는 게 경제에도 도움이 되기 때문이다.

서울머니쇼에서는 국내 최고 재테크·투자 전문가들이 증권·부동산·노후 준비·절세 등 분야에서 특강을 열고 재테크 노하우와 전략을 전수한다. 또 은행·증권·부동산·창업·은퇴 준비 등의 전문 기업이 참가해 '맞춤형 재테크' 상담도 진행한다.

2015 서울머니쇼의 경우 내로라하는 국가대표급 재테크 전문가 60여 명이 나서 32개의 특강이나 패널 토론회를 가졌다. 수만 명의 사람들이 서울머니쇼에 참가해 현장에서 직접 이 특강들을 들으며 자신만의 재테크 전략을 짰다.

반응은 뜨거웠다. 참관객 설문조사 결과 10명 중 9명은 '내년에도 서울머니쇼를 다시 찾겠다'고 답했다. 하지만 이런 뜨거운 반응 속에서도 '참관객 외에도 더 많은 사람들이 서울머니쇼에 나온 최고 전문가의 노하우를 공유할 수 있으면 좋겠다'는 아쉬운 마음은 지울 수가 없었다. 이런 고민에서 나온 것이 이번 책이다. 서울머니쇼에서 나온 정보와 노하우를 좀 더 많은 사람들에게 전달해 재테크에 대한 관심을 갖게 하고 싶은 마음에 책을 집필했다.

'경제를 발전시키고 국민을 부자로 만들겠다'는 게 매일경제의 목표 중 하나이다. 모쪼록 이 책을 통해서 보다 많은 사람들이 재테크에 올바른 관심을 갖고 부자 되는 데 도움이 됐으면 하는 바람이다. 재테크의 혹한기라고는 하지만 노력하는 사람에게 길은 열리게 마련이다. 이 책이 그 길을 찾는 데 조금이나마 힘이 됐으면 좋겠다.

김 명 수
매일경제신문 금융부 부장

Seoul
Money
Show

부동산 투자 비법과 내집마련 전략

부동산 PB 4대 천왕과 다시 짜는 '투자·내집마련 전략'
주택 시장 전망과 아파트 분양 시장 분석
저축보다 나은 월세, 수익형 부동산 활용하기
다시 조명받는 재건축과 재개발, 단지·지역별 분석
자산을 불리는 틈새재테크 '경매와 부실채권'

부동산 투자 비법과 내집마련 전략

부동산 PB 4대 천왕과 다시 짜는
'투자·내집마련 전략'

집 사도 괜찮을까?

'연초부터 집값이 이미 올라버린 것 같은데 지금 집을 사도 괜찮을까?'

'저금리 시대에 월세 놓을 알짜 수익형 부동산은 무엇일까?'

2015 서울머니쇼 첫째 날 메인행사로 열린 〈이근우 매일경제 부동산부 차장의 부동산 족집게 교실 − 최고 부동산 PB들의 맞춤형 과외〉 세션에는 저금리 시대 전문가들의 시장 전망을 엿보고 부동산 재테크 전략을 세우기 위해 몰린 청중들로 발 디딜 틈

이 없었다. 800명분을 마련한 세미나실 의자는 금방 동이 났고 무대 앞에 신문을 깔고 앉은 사람의 무리가 객석 옆, 뒤쪽까지 길게 이어졌다.

이날 행사에서는 이근우 매일경제 부동산부 차장의 진행하에 안명숙 우리은행 고객자문센터장, 임채우 KB국민은행 부동산전문위원, 김일환 신한은행 부동산팀장, 김규정 NH투자증권 부동산연구위원이 준비해온 수십 장의 파워포인트를 화면에 띄워가며 열띤 토론을 이어갔다.

가장 먼저 던져진 물음은 역시 '지금 집을 사도 되냐'다. '무주택자이고 여력이 된다면 지금이 바로 집을 살 때'라는 대답이 돌아왔다. 향후 2~3년은 수요공급상 서울 집값이 안정적으로 상승할 것을 전망해서다.

안 센터장은 "거래량, 가격을 봤을 때 2012년이 거의 바닥이었고 특히 새 입주 아파트를 중심으로 가격이 꽤 오르기 시작해 지금은 75% 주민들이 가격 상승을 경험하고 있다. 지인이 묻는다면 '네, 사세요'라고 답할 것"이라고 말했다. 결혼 후 자녀들을 데리고 전셋집을 전전긍긍하며 돌아다니는 실수요자 입장이라면 지금 집을 사는 것이 주거비를 아끼고, 시장이 상승 무드로 진입하는 단계에서 자산을 안전하게 운용할 수 있는 방법이라는 조언이다.

임 전문위원도 "수도권은 여전히 아파트 공급이 부족하고 2~3년 가격이 조정돼도 현 상황보다 크게 떨어지긴 힘들어 무주택자라면 내집마련을 준비해야 할 시기다. 입주 물량 증가로 공급과잉 우려가 있는 지방은 매각을 고려해볼 타이밍"이라고 말했다.

최고 부동산 PB들이 머니쇼에서 특강을 펼치는 모습

김 연구위원도 "대구, 부산 등 지방도시는 2013년부터 3년간 주택을 많이 지어 가격 조정이 일어날 수밖에 없는 구조다. 반면 같은 논리로 서울은 최근 2~3년 주택 공급이 적었기 때문에 당분간은 안정세가 이어질 것"이라고 밝혔다.

다만 지역별 수급 동향은 주의해서 살펴야 한다. 쏟아진 분양 물량의 입주가 모두 끝나는 2~3년 후에는 지역별로 한 차례 조정이 있을 것으로 예상하기 때문이다. 안 센터장은 "가구 분화로 수요가 늘어난다고 하지만 특정 지역에 공급이 몰리면 입주 시점에 가격 조정이 급격하게 이뤄질 수 있다. 지역별 차별화를 염두에 두고 투자처를 골라야 할 것"이라고 말했다.

도심 소형과 신도시, 나의 자산을 지켜줄 곳은?

그렇다면 어디에 집을 사야 공급과잉의 위험을 피하면서 자산을 안전하게 지킬 수 있을까? 이 대목에서는 전문가들의 의견이 '서울 도심 소형파'와 '신도시파'로 갈렸다. 수도권 주택 수요공급과 가격 전망을 서로 다르게 진단한 데 따른 차이다.

안 센터장은 "앞으로 집을 살 에코 세대들은 주거환경이 열악한 재건축 아파트에서 10년을 기다리기보다 도심의 교통 좋은 새 아파트를 선호하는 분위기다. 향후 수요를 감안할 때 용인의 중대형을 팔고 서울 도심권 소형 아파트로 갈아탈 것을 추천한다"고 말했다. 안 센터장이 말한 도심은 서울 중심업무지구(CBD) 인근에 위치한 마포, 서대문, 성동구, 중구 등이다.

김 연구위원도 "젊은 세대들이 직장 근처에 살기 위해 많이 찾는 곳은 마포, 서대문 등 서울 서북부 지역이다. 이들 도심 주택을 사야 향후 주택 가격 하락 리스크를 관리할 수 있다"고 말했다. 하지만 역시 가격이 부담이다. 민간택지 분양가상한제가 사실상 폐지된 후 서대문, 마포 등지에서 새로 나오는 아파트 신규 분양가가 너무 높아진 것 아닐까?

김 연구위원은 "개인적으로 마포, 서대문은 3.3㎡당 2,000만 원이 적정 가격이라고 본다. 재개발 추진 기간이 길어져 3.3㎡당

분양가가 2,100만 원, 2,200만 원까지 너무 높게 나오는 곳은 무작정 청약하기보다 때를 기다렸다가 급매로 나오는 물건을 노리는 것도 방법"이라고 조언했다.

반면 임 전문위원은 '합리적 신도시파'다. 임 전문위원은 "도심 한강변 아파트가 좋다는 데는 이견이 없지만 3.3㎡당 2,200만 원, 2,500만 원씩 주고 샀을 때 과연 그 집이 얼마나 오를 것인지 고민할 필요가 있다. 훨씬 합리적인 가격에 공급되는 위례, 마곡, 하남, 김포 등 2기 신도시 중 대중교통 접근성이 좋고 교육 여건이 개선되는 곳을 고르는 것이 메리트가 있을 것"이라고 말했다.

그는 이어 "노인베드타운화된 일본 신도시 얘기를 하는 경우가 있는데 한국과는 상황이 많이 다르다. 2기 신도시에 가장 많은 연령대는 30~40대다. 여의도 직장인 입장에서는 김포가 오히려 동쪽 끝 서울보다는 '직주근접'에 가까운 곳일 수 있다는 점도 감안해야 한다"고 설명했다.

김 팀장도 "집을 줄여가는 건 굉장히 힘들고 서울의 25평 살 돈이면 신도시의 40평 아파트를 살 수 있어 주거 쾌적성 측면에서 차이가 크다. 서울 출퇴근이 가능한 위례, 하남, 김포 등은 충분히 상승 여력이 있는 지역이어서 실수요 목적에서 상반기 매입을 고려해볼 만할 것"이라고 말했다. 구체적으로는 광역버스로 한 번에

도시 중심권에 연결되는 곳, 출근 시 지하철을 두 번 이상 갈아타지 않을 수 있는 곳을 따져보는 것이 요령이다.

'주택 투자의 대명사'로 불리는 '재건축 아파트' 상황은 어떨까? 2015년 1분기에는 전세난에 밀린 일반 아파트 거래량 증가가 두드러졌지만 재건축 아파트 소식은 영 뜸했다.

이들은 '과거처럼 재건축이 큰돈을 벌어주는 시기는 지났다'고 조언했다. 차이라면, 임 전문위원은 '좋은 곳을 선별한다면 재건축 아파트는 여전히 유효한 투자처'라는 입장인 반면 안 센터장은 위험 부담과 기간 대비 수익으로 볼 때 재건축이 더 이상 매력적인 투자처가 아니라고 답했다는 점이다.

임 전문위원은 "사업성을 따져보면 기본적으로 강남권 주요 재건축 단지는 재건축 전후 1~3억 원 선의 차익이 나오는 셈이다. 물론 사업 추진 기간에 따른 기회비용을 감안하지 않은 차익인데 그렇기 때문에 너무 초기 단계인 재건축 단지를 사진 말아야 한다"고 말했다. 그는 이어 "조합설립인가 이후 단지들을 중심으로 볼 때 개포주공1단지, 잠실주공5단지 등은 기회비용을 감안해도 투자처로 여전히 유효한 곳"이라고 조언했다.

반면 안 센터장은 "압구정 아파트 재건축 기간을 10년으로 본다면 2~3년 후 시장 전망도 어려운데 10년 후 주택 시장을 예측하는 것은 무리다. 이주 및 철거가 임박한 곳이 아니라면 리스크가 굉장히 크다는 점을 감안해야 한다"고 말했다. 그는 또 "철거가 임박한 단지를 6억 원 선에 매입해 입주 후 1억 원의 차익을 거둔다고 해도 4~5년이 소요된다면 잠기는 돈의 기회비용을 차치하고서도 기간 대비 수익으로 만족스럽지 못하다. 현재 우리나라 경제가 새 아파트 가격을 추가로 1억 원 이상 밀어 올리는 것은 쉽지 않은 상황임을 감안해 투자에 신중을 기해야 한다"고 설명했다.

결국 투자용으로 생각한다면 부자들이 몰리는 핵심 지역의 재건축 아파트를 사야 되는 셈이다. 그렇다면 사람이 몰려서 가격이 계속 상승할 곳은 어디일까? '한강 주변'이 새로 뜨는 부촌이라는 진단이 이어졌다.

김 팀장은 "고속터미널역에서 구반포까지 걸으며 좌우로 현재 가장 핫한 반포의 아파트들을 살펴보라. 돈의 흐름은 결국 서울 내에서도 교통이 좋은 곳, 한강 조망이 가능한 곳으로 몰릴 것"이라고 말했다. 한강을 끼는 지역 중에서도 강남에서는 반포, 잠원, 압구정, 청담 중심권, 강북에서는 용산 이촌동, 한남동이 부촌이라는 설명이다.

김 연구위원도 "1970년대 아파트가 먼저 생겼던 반포, 용산이 고급 주거지였던 데 이어 압구정, 대치 도곡, 잠실이 떴다가 다시

금 반포가 주목받고 있다. 한강을 중심으로 부촌이 순환하고 있
는데 앞으로도 도시를 관통하는 한강을 중심으로 기존의 부촌들
이 번갈아가며 랜드마크 단지로 자리매김할 가능성이 높을 것"이
라고 말했다.

알짜 수익형 부동산은 무엇일까?

'수익형 부동산'에 대한 토론도 이어졌다. 특히 2015년 초에는
저금리와 맞물려 위례 등 신도시 상가 분양이 봇물을 이루고 있는
데 어느 상가, 수익형 부동산에 투자해야 할지가 관심사다.

김 팀장은 "위례신도시는 기본적으로 유망한 곳으로 상가도 잘
고른다면 투자성이 높다. 특히 신규 분양 상가의 리스크는 공실인
데 커피 프랜차이즈나 글로벌 패스트푸드업체, 금융기관 등 최소
5년에서 15년까지 장기 계약을 미리 맡아놓을 수 있는 상가를 추
천한다"고 말했다.

반면 묻지마 투자를 경계하는 목소리도 강했다. 김 연구위원
은 "최근 상담 오시는 분들 중에는 노후에 쓰려고 모아놓은 은퇴
자금을 합쳐서 상가를 분양받으려고 하는 분들이 있는데 10억 원
이 넘는 돈을 상가 점포 하나에 모두 투자하는 건 너무나 위험하
다. 아직 상권이 형성되지 않은 지역, 언제 들어올지 성장할지 알

수 없는 상권에 아껴놓은 종잣돈을 몰아넣지는 말아야 할 것"이라고 말했다.

대신 김 연구위원은 "오히려 수익률을 명확하게 볼 수 있는 기존 상권의 상가를 고르는 것이 안정적"이라며 주택가와 섞인 '골목길' 상권을 추천했다. 그는 "방배동 카페거리처럼 젊은 사람이 북적이는 곳에 소규모로 단독주택을 싸게 매입해 인테리어 리모델링 후 싸게 임대하는 것을 생각해볼 만하다. 다만 이미 유명해진 상권은 손바뀜이 2~3번 이뤄져 가격이 너무 높아진 경우가 많으니 주의해야 할 것"이라고 말했다. 언론에 보도돼 가격이 너무 오른 곳은 그 가격에 매입할 수는 있지만, 나중에 같은 가격에 사려는 사람이 없어 팔기는 힘들 수 있다는 조언이다.

수익형 부동산의 대명사인 오피스텔 투자에 대해서도 격론이 벌어졌다. 임 전문위원은 "공급과잉이 지적되지만, 입지 좋고 5% 이상 수익률이 기대되는 곳은 지금도 한 달 만에 금방 계약이 완료되고 있다. 한 예로 서울 서북부 역세권 단지는 여전히 유효한 투자처"라고 말했다.

김 연구위원도 "가격이 너무 비싼 강남권보다는 서울 서북부를 추천한다. 하지만 굳이 신규 분양을 고집할 필요는 없다"고 말했다. 임차인이 갖춰진 기존 오피스텔을 매입하되 연식이 10년을 넘어 너무 오래되면 매도가 어려워지니 주기적으로 물건을 새것으로 교체해 관리해주는 것도 요령이라는 조언이 이어졌다.

김 팀장은 업무지구인 여의도 오피스텔을 추천했다. 그는 "업무 수요가 풍부한 여의도 오피스텔은 가격이 비싸도 그만큼 높은 100~150만 원 월세를 낼 수요자들이 있는 곳이다. 회사나 고소득층 수요가 풍부한 업무중심지 역세권 오피스텔은 투자성이 높다"고 말했다.

안 센터장은 오피스텔 투자에 부정적인 입장을 보였다. 공급과잉 우려가 크기 때문이다. 그는 "은퇴자들이 월세 수입에 대한 고민이 많아 오피스텔을 자주 문의하지만 공급이 많은 데다 최근에는 신규 분양 오피스텔의 가격이 너무 높아져 추천하지 않는다. 오히려 골목상권이 형성되는 지역의 단독주택을 싼 가격에 매입해 리모델링, 상가를 아래층에 두고 직접 위층에 거주하는 것이 10억 원으로 마련할 수 있는 가장 좋은 노후 대책이 될 것"이라고 말했다.

부동산 PB 4명이 추천하는 투자 전략

구분	안명숙 우리은행 고객자문센터장	임채우 KB국민은행 부동산전문위원	김일환 신한은행 부동산팀장	김규정 NH투자증권 부동산연구위원
주택 운용 전략	수도권 대형 팔고 도심 소형 사야	수도권 내집마련, 지방은 매도 타이밍	서울 기본계획 따른 용산, 강남, 영등포 주목	젊은 직장인 몰리는 마포, 서대문 소형 유망
신도시 전망	위례 유망	김포, 동탄 등 2기 신도시 유망	위례, 하남, 김포 유망	하남 유망
오피스텔 투자	공급과잉으로 투자 주의	일산 등 서울 서북부 역세권 분양	도심 업무지역 분양 (여의도 역세권)	서북부 기존 오피스텔 투자 후 관리할 만

주택 시장 전망과
아파트 분양 시장 분석

2015년 주택 시장을 진단한다

2015 서울머니쇼 마지막 날에는 박합수 KB국민은행 명동스타
PB센터 팀장이 〈주택 시장 전망과 쏟아지는 아파트 분양 분석 –
전세·거래·투자 시장 예측과 지역별·단지별 분양 물량 분석〉을
주제로 주택 시장을 총정리했다.

박 팀장은 수도권 주택 가격 상승이 이제 시작됐다고 보는 입장
이다. 다만 개포 등 강남 재건축 단지가 대거 입주하는 2019~2020
년에는 입주 물량이 한꺼번에 쏟아져 단지별로 역전세난이 발생할

수도 있다는 점은 유의해야 한다.

박 팀장은 "수도권 주택 시장이 침체 상태라고 사람들이 생각하지만 2014년을 돌아보면 지역별, 유형별 차별화가 두드러졌다. 최근 들어 수도권 주택 상승률이 지방을 누르고 약진하고 있는데 거래량, 공급량 등을 감안할 때 향후 2~3년간은 수도권의 완만한 상승세가 이어질 것"이라고 말했다. 수도권에서도 아파트는 침체였지만 단독주택 땅값은 5~6년 새 두 배가 올라 서울 주변부도 3.3㎡당 1,500만 원에 물건이 나올 정도로 단독주택 가격이 먼저 상승해 있는 상황이다.

아파트의 경우 2014년에는 대구 등 지방의 상승률이 높았다. 하지만 2015년 4월 통계를 보면 변화가 보인다. 수도권이 지방을 누르고 약진하기 시작했다. 2015년 4월 수도권 아파트의 상승률은 0.5%로 지방(0.31%)을 넘어섰다.

연간으로 보면 2013년 7월의 주택 가격이 바닥이었음을 알 수 있다. 그 후 완만하게 우상향 곡선을 그리고 있는데 당분간은 완만한 상승 추세일 가능성이 높다. 바닥에서의 응축 기간이 길었고 전세 시장이 최악의 공급부족을 겪는데도 아파트 입주량은 2016년 더 줄어들기 때문이다. 개포 일대 재건축 이주로 대규모 멸실이 발생하는 점도 원인이다.

반면 지방은 안정세를 보일 것으로 예상한다. 2008년 이후 부산, 울산, 경남이 상승을 이끌었다. 폭등장세인데 이는 경제위기 이후 지방에서 분양한 단지가 적어 2011년도부터 입주량이 뚝 떨어진 영향이다. 이제는 공급이 어느 정도 이뤄지고 3.3m²당 가격도 1,000만 원 선까지 다 오르면서 시장이 안정된 모습이다.

박합수 KB국민은행 명동스타 PB센터 팀장이 서울머니쇼에서 강연하는 모습

주택 투자 전략 – 이제는 시세차익보다 임대로 갈 때

박 팀장은 시장 진단을 바탕으로 주택 투자 전략을 짚었다. 지금 집을 사도 될까? '실수요자라면 무난하지만 투자용으로는 신중해야 한다'는 답이 돌아왔다.

박 팀장은 "2015년 중반 집값은 2014년 대비 지역별로 4,000~5,000만 원씩 올라 부담이 되는 것이 사실이지만 이 가격에서 더 떨어질 가능성이 높지 않아 보인다. 여러 요인을 분석·종합해

볼 때 당분간 이 추이가 유지될 것으로 보여 실수요자는 매수에 나서도 괜찮을 것"이라고 말했다.

하지만 재건축 아파트에 돈을 묻어두고 수익 실현을 기다리는 시절은 이제 지났다는 분석도 이어졌다. 주택 가격 상승에 따른 시세차익 기대가 크지 않기 때문이다. 낡은 아파트를 사서 재건축이나 리모델링이 될 때까지 10년 이상 기다리는 것은 투자 측면에서 별 의미가 없게 된 셈이다. 대신 공원 등 주거 쾌적성에 대한 요구가 높아지고 '새 아파트 선호' 현상이 강해졌다. 박 팀장은 "4~5년 내에 입주하는 아파트를 중심으로 관심을 가져야 할 것"이라고 말했다.

분양 시장은 어떨까? 박 팀장은 "설계기술 발달과 새 아파트 선호 현상으로 분양 시장에 대한 관심은 꾸준히 이어질 것"이라고 전망했다. 하지만 역시 문제는 가격이다. 2015년 들어 민간택지 분양가상한제가 사실상 폐지된 후로는 서울시내 아파트의 분양가가 너무 치솟는 것이 아니냐는 지적도 이어져왔다. 박 팀장은 "기본적으로 상한제가 폐지된 민간택지에서는 투자성을 기대하기가 쉽지 않아진 상황이다. 추격매수를 고민하는 분들이 많은데 과거처럼 분양권으로 큰돈을 벌기는 힘들다는 전제를 깔고 단지별 분석에 나서야 한다"고 말했다.

저금리 시대 투자처로 각광받고 있는 '점포겸용 단독주택'에 대해서도 '냉정한 분석'을 요구했다. 필지별 땅값이 너무 비싸져 사업성이 나오기 힘든 상황에 이르렀기 때문이다. 박 팀장은 "점포겸용 주택도 가격이 높아져 게임이 어느 정도 끝났다고 봐야 한다. 지금은 개발업자들이 사업을 하는 시기이지 개인이 쫓아가는 시기라고 보기는 힘들다"고 말했다.

한 예로 단독주택 필지 가격이 3.3㎡당 1,100만 원 선인 하남에서, 264㎡(80평) 땅을 사서 건물까지 지어 15억 원가량이 투입됐다고 가정해 보자. 당장 4% 임대수익률을 맞추기도 쉽지 않지만 나중에 팔 때 15억 원보다 많은 17~18억 원 선에 매수할 사람이 있을지를 생각해보면 투자에 신중해질 수밖에 없다.

한편 정부 정책이 월세 지원으로 전환되면서 주택 시장 트렌드는 '시세차익'에서 '임대'로 옮겨가는 분위기다. 박 팀장은 "월세 중심으로 시장이 재편되면 직주근접이 가능한 도심지에 대한 수요가 더 높아질 것이다. 반대로 도시 외곽 지역은 한계가 발생할 가능성이 높아 주의해야 한다"고 말했다.

서울 외곽 지역의 경우 특히 앞으로 추가로 공급될 물량이 아직 많다는 점도 감안해야 한다. 정부가 수도권 주택 가격을 관리하기 위해 공급 시기를 조율하고 있지만 언젠가는 풀릴 수밖에 없어 인지하고 있어야 하는 계획들이다.

예를 들어 동탄2신도시에서는 지금까지 4만 가구가 분양됐는데 신도시의 총 공급 물량은 11만 6,000가구다. 임대주택 3만 가구를 제외해도 앞으로 4만 가구가 추가로 공급되는 셈이다. 동탄1신도시까지 합치면 총 16만여 가구인데 이를 모두 소화할 수요가 있을지 고민이 필요하다.

서울 서북부의 추가 물량도 시장에 영향을 끼칠 것으로 예상한다. 박 팀장은 "서울 북쪽 의정부 인근의 양주신도시에서 5만 5,000가구가 공급될 예정이고, 파주 운정3지구의 3만 9,000~4만 가구도 2015년 가을부터 분양이 개시될 예정이다. 게다가 잊혀진 2기 신도시인 검단신도시 6만 가구도 2015~2016년 사이에 분양에 들어가 인근 지역에 지각변동을 일으킬 것으로 예상한다"고 말했다. 검단신도시는 김포한강신도시와 붙어있고 서울에 오히려 가까워 김포신도시와 청라지구 주택 가격에도 영향을 끼칠 수 있다는 분석이다.

지도로 보는 유망 지역 분석

박 팀장은 '지도 하나 놓고' 강남3구 재건축 단지부터 용산과 마포의 재개발 아파트, 하남과 남양주의 신도시까지 유망한 지역을 집중 분석해주는 시간을 가졌다. 대형 스크린에 위성지도 하나를 띄워놓고 한눈에 지역을 파악할 수 있도록 단지별 입지와 주변 기반시설을 뜯어본 것이다.

특히 지역별 적정 가격을 근거를 들어 명쾌하게 풀어준 점이 특징이었다. 강사 입장에서는 가변적인 가격을 특정하는 것이 부담될 수 있겠지만 청중들 입장에서는 막연하게 '어느 지역이 유망하다'고 말하는 강의보다 훨씬 더 구체적으로 지역의 가치를 생각해볼 수 있었던 셈이다.

1. 재건축 단지

개포주공 단지

우선은 역시 강남구 개포주공아파트 일대가 투자자들의 관심을 모으는 지역이다. 개포시영, 주공1~4단지가 모두 재건축되면 일대에 1만 6,000가구 규모 대단지가 입주하게 된다. 강남구가 진행 중인 구룡마을 2,100가구까지 합치면 규모가 더 커진다.

박 팀장은 "개포주공 일대는 대치동 부자들이 자식들을 위해 사둔 물량이 많아 입주 후 대치동과 도곡동 일대 부자들이 다수 옮겨올 것으로 예상한다. 양재천과 대모산 등 자연경관도 좋아 강남 부자들의 은퇴 주거지로 손색이 없다"며 엄지를 치켜세웠다.

하지만 역시 문제는 가격이다. 전용 84㎡형의 예상 분양 가격은 10억 원 선이다. 반면 같은 면적대의 도곡렉슬이 12억 원, 새로 입주할 예정인 래미안대치청실이 13억 원대에 머물고 있다. 입주 후 가격이 오른다고 해도 프리미엄은 1~2억 원 선이 한계가 될 수 있는 셈이다. 더군다나 가격을 다 끌고 올라가기에는 1만 6,000가구라는 규모가 녹록하지 않다. 투자성에는 한계가 있어서, 현재 가격에서는 실수요자 위주의 접근이 필요하다는 결론이다. 단지별로는 양쪽으로 지하철이 위치해 교통 접근성이 뛰어난 4단지를 좋은 단지로 꼽았다.

송파 강동 일대

송파 강동에는 대단지 재건축 아파트인 잠실주공5단지, 가락시영, 둔촌주공이 나란히 포진해 있다.

우선 가장 먼저 2015년 하반기에는 가락시영아파트 일반분양이 예정된 상황이다. 3.3㎡당 분양가는 2,500~2,600만 원 선이 얘기되고 있다.

박 팀장은 "잠실동 일대 아파트 단지 가격이 3.3㎡당 3,000만 원이라면, 가락시영은 2,500만 원, 위례신도시는 2,000만 원으로 500만 원씩 간격을 둘 것으로 예상해왔다. 잠실 일대 가격이 상승하면 같이 상향되겠지만 현재 상황에서 가락시영이 3.3㎡당 2,600만 원, 34평 9억 원 선에 나온다면 투자로 접근하기에는 부담이 될 것"이라고 말했다.

잠실주공5단지는 송파 강동을 이끄는 대장주다. 용적률이 250%로 높은 데다 일부가 준주거지역으로 풀리면 잠실 일대에서 가장 높은 50층 높이를 자랑하는 랜드마크 단지가 될 것으로 예상한다. 현재 가장 면적대가 작은 전용 76㎡형이 11억 원대이며, 종전 가격을 거의 회복한 상황으로 입주 후에는 1억 원 이상 가치가 올라갈 것으로 보인다.

둔촌주공아파트는 1만 1,100가구 단일 단지 최대 규모로 개발되는 대단지다. 향후 9호선이 개통되면 강남까지 10~15분 만에 접근할 수 있게 되는 호재도 품고 있다. 박 팀장은 "둔촌주공 일대는 교통, 교육이 나무랄 데 없는 데다 50만 평 규모 올림픽공원과 일자산공원에 더해 아산병원과 보훈병원도 인근에 위치해 중산층의 노후 은퇴 주거지로 전혀 손색이 없는 곳이다. 가락시영과 비슷한 3.3㎡당 2,500만 원 수준을 예상한다"고 말했다.

서초 반포 지역

서초에는 재건축계의 블루칩 반포주공1단지가 위치해 있다. 재건축 후에는 인근의 판세를 완전히 뒤흔드는 단지가 될 것으로 예상하지만 현재 가격이 이미 너무 비싸 투자가 쉽지는 않다. 최근 통합재건축 얘기가 나오면서 많이 오른 곳은 신반포3차~경남아파트 라인으로 1억 원 정도씩 올라갔다. 아크로리버파크와 동급의 입지를 갖췄기 때문이다.

신반포2차도 관심 단지다. 한강변을 길게 접하고 있어 한강 조망권 가치를 누릴 것으로 예상한다. 래미안퍼스티지 등 단지의 전용 84㎡ 가격이 15억 원을 이미 찍은 상황에서 한강변 단지들은 플러스알파로 한강 조망권이 있어서 가격이 더 떨어지지는 않을 것으로 생각한다. 인근은 2015년 현재 서울에서 가장 잘나가는 지역으로 향후 10년 정도는 이러한 흐름이 이어질 것으로 보인다.

2. 재개발 지역

용산

국제업무지구가 무산되면서, 몇 년 연속 매매가 변동률이 최하위를 기록하고 있지만 '지금이 바닥'이라는 표현을 써도 무방한 지역이라는 게 박 팀장의 판단이다.

미군이 평택으로 옮겨가면 대규모 용산공원이 조성돼 인근 배산임수 단지들이 뉴욕 센트럴파크 인근 지역에 비견할 만한 가치를 인정받을 것으로 예상한다. 아모레퍼시픽 본사를 비롯해 용산역 전면과 국제빌딩 주변 구역 개발이 재개되고 있다는 점도 주목할 만하다.

한남뉴타운도 관심을 가져야 할 지역이다. 이태원, 대사관이 모인 데다 용산공원 인근이 다 조성되면 글로벌시티, 외국인이 살고 싶은 제1지역이 될 것으로 예상한다.

마포

2015년 들어 각광받으며 5월 현재 가장 잘나가는 지역이 됐다. 공덕역 인근 단지는 전용 84㎡가 8억 3,000~4,000만 원 선에 물건이 나올 정도다. 얼마 전까지 7억 1,000만 원 선에 나오던 물건이 9억 5,000만 원을 바라볼 정도로 주민들의 기대감이 높다. 입지가 좋지만 가격은 이미 박 팀장의 기대치를 훨씬 넘어서 계속 상승일로를 걷고 있다.

3. 신도시

미사강변도시

유해시설이 하나도 없는 청정구역으로 강남에서 멀지 않고, 은퇴 주거지로 최고의 입지를 갖춘 곳이다.

한강 조망권을 누릴 수 있으며 유니온스퀘어가 완성되고 2018년에 지하철 5호선이 연장되면 3박자를 모두 갖추게 된다. 분양가는 3.3㎡당 1,300~1,400만 원 선으로 약간 높은 감이 있지만 지하철 등 호재들이 현실화되면 가치가 더 오를 것으로 기대된다. 위례와 비교해서도 저평가받을 이유가 전혀 없는 곳이다.

남양주 별내, 다산신도시

2010년 수도권 광역 기본계획에는 2020년까지 그동안 발전이 미흡했던 지역을 집중 지원하겠다는 내용이 포함돼 있는데 그 대표 지역이 동북축과 서남축이다.

서북은 일산, 동남은 분당이 다 개발됐고 동북의 중심 남양주, 서남의 중심 시흥시가 남은 셈이다.

남양주는 강변북로를 통한 서울 접근성이 좋고 다산신도시는 3.3㎡당 950만 원 선에서 분양이 개시되고 있는데 충분히 관심 가질 만한 지역이다. 지하철 8호선, 별내선 연장개통의 기대감도 있다. 완성될 경우 잠실까지 20분도 안 걸리는 접근성을 갖추게 된다.

(1) 주택 투자 전략

- 주택 매수시기, 투자시기인가?
  - 실수요자 위주로는 무난함, 투자자는 지켜보며 대응
- 재건축 투자는 실수요자 위주로 단기 입주 가능 지역 우선 검토
  - 입주까지 장기간 소요되는 지역보다 4~5년 내 입주 가능 지역 중심
- 압구정과 반포 재건축 시장의 향방에 따른 대응
  - 반포의 시대는 향후 10년, 그 이후는 압구정 천하
- 재개발 투자 대응 방안
  - 정부 정책 고려 시 용산, 마포, 종로, 중구, 서대문 등 도심 관심
- 분양 시장은 청약통장 활용한 전략 수립 필요
  - 새 아파트 갈아타기 전략, 소득공제 활용 등 재테크 수단, 전매투자
- 단독주택, 점포겸용택지 등 투자 유의
  - 기초가격 상승으로 건축비용 등을 고려한 사업성 분석 철저
- 한강의 관광자원화와 용산 지역의 미래
  - 한강 접근성 개선과 노들섬 개발, 용산공원 등
  - 글로벌시티 건설을 통한 미래가치 창조

(2) 주택 시장 트렌드

- 주택 시장은 지역별·평형별·유형별 차별화 현상 지속
  - 수도권과 지방, 소형·중형·대형, 단독주택·아파트·다세대연립 등
- 정부 정책도 전세보다 월세 지원으로 변화
  - 보증부 월세 등 월세 비중 증가, 전세입자의 매수 전환 지원 필요
- 소유 개념에서 거주 공간으로 인식 전환
  - 내집마련 의지 약화, 결혼 후 다소 변화
- 시세차익 기대보다 임대수익 위주로 점차 변화
  - 투자차익(전체)보다 평상시 임대료 수입(월세) 등 현금 흐름 중시
- 도심지 위주의 직주근접 주거형태 선호 증가
  - 신도시 등 외곽보다 출퇴근 등 교통 편리지역 비중 강화
- 공원, 강, 산, 바다 조망권 등 환경적 쾌적성 중시
  - 주거 환경요인 선호, 테라스하우스 인기, 소형 전원주택 부각
- 새 아파트 중심의 가격 형성 및 시장 선도
  - 재건축, 리모델링 대상 아파트 증가 속에 새 아파트 선호 증가
  - 투자 개념보다 당장의 거주편의 및 이용가치를 우선

저축보다 나은 월세,
수익형 부동산 활용하기

수익형 부동산 옥석 가리기

주택 가격 상승에 대한 기대감이 낮아지면서부터 부동산 투자 자들의 관심은 '수익형 부동산'으로 쏠리고 있다. 2015년 들어서 도 초저금리 상황이 지속되면서 '매달 꼬박꼬박 월세가 나오는' 수 익형 부동산에 대한 관심이 높아졌고 상가 분양을 홍보하는 광고 도 많아졌다. 하지만 몇 억에서 수십·수백억대의 돈을 무턱대고 수익형 부동산에 투자할 수는 없다.

이번 서울머니쇼에서는 고준석 신한은행 동부이촌동 지점장을

고준석 신한은행 동부이촌동 지점장이 서울머니쇼
에서 강연하는 모습

초청해 〈수익형 부동산 옥석 가리기 비법〉을 전해 들었다. 고 지점장은 한국 '부동산 PB 1호'로 신한은행에서 경매부터 시작해 15년간 부동산 투자 상담

을 이어온 베테랑이다. 《강남 부자들》, 《경매 부자들》, 《은퇴 부자들》 등의 책을 내며 자산가들을 가까이서 봐온 사람이기도 하다.

그는 "강의 1시간을 듣고 부자가 될 수는 없지만 그 밑바탕이 될 생각을 바꾸는 계기가 될 수 있을 것이다. 필기하기보다는 투자의 마음에 대해 생각하며 편하게 들으면 좋겠다"며 강의를 시작했다.

왜 수익형 부동산에 투자해야 하는 것일까? 그는 '은퇴 준비'를 위해서라고 답했다. 특히 은퇴 준비는 부동산으로 해야 한다는 것이 그가 늘 강조하는 내용이다. 고 지점장은 "은퇴 전 소득과 은퇴 후 소득을 같게 만드는 것이 은퇴 준비의 기본이다. 특히 이를 위해서는 금융자산이 아닌 실물자산인 부동산에서 은퇴 후 소득의 70%가 나와줘야 한다"고 말했다.

왜 부동산일까? 화폐 가치 하락과 인플레이션 때문이다. 현재 금융자산에서 나오는 소득 100만 원과 20년 후의 100만 원을 비교해보면 어떨까? 20년 후에도 100만 원을 받겠지만 물가 상승률을 감안하면 의미가 없다. 100세 시대에는 은퇴 후에도 30~40년을 더 사는데 연금 등 금융자산만으로는 십수 년 후에 화폐가 같은 가치를 유지하기 힘들다는 설명이다.

반면 실물자산은 물가 상승률을 따라 가격, 자본수익이 상승하고 임대소득도 올라간다. 알짜상가는 상권 성장에 따라 자본수익과 임대수익이 함께 상승하는 원리다. 그는 "수익형 부동산을 제대로 사놓는 것이 가장 완벽하게 자산관리를 하는 방법"이라고 강조했다. 일부 지역을 제외하고는 아파트로 돈 버는 시대가 끝났다는 점도 궁극적으로 투자자들이 수익형 부동산에 관심을 가져야 하는 이유다.

원룸, 오피스텔 등은 보지 마라

그렇다면 어떤 수익형 부동산에 투자해야 할까? 수익형 부동산도 원룸, 오피스텔, 상가 등 종류가 다양하다. 고 지점장은 "수익형 부동산 중에서도 '상가'에 집중해야 한다. 원룸, 오피스텔 등은 보지 말라"고 주문했다.

그는 "임대수익만 보고 수익형 부동산에 투자하는 경우가 많은데 이는 피해야 한다. 수익형 부동산에 투자한다는 것은, 자본수익과 임대수익 두 가지를 감안하고 투자하는 것"이라고 말했다. 임대소득만 있고 감가상각이 진행돼 미래가치와 자본수익을 담보할 수 없는 원룸, 투룸, 오피스텔은 피해야 한다는 설명이다.

그는 오피스텔의 예를 들었다. 2억 원을 주고 매입한 오피스텔에서 월세 100만 원씩 3년을 받아 3,600만 원의 수익을 얻었지만 이 오피스텔이 1억 5,000만 원에 팔린다면? 각종 세금만 내고 매각 시 자본차익은 오히려 마이너스가 돼 버린다. 오피스텔의 대체재인 소형 아파트가 대량으로 쏟아지는 상황도 악재다. 오피스텔의 투자 가치가 상대적으로 더 낮아지기 때문이다. '차라리 소형 아파트에 투자하는 것이 낫다'는 조언이다.

흔들리지 않는 상권 판별하기

상가 투자 대상은 어떻게 판별해야 할까? '자본수익'과 '임대수익' 두 마리 토끼를 잡을 수 있는 상가를 '싸게 사는 것'이 정답이다. 그는 상가 종류별로는 근린상가와 아파트 단지 내 상가만을 투자 대상으로 삼아야 한다고 강조했다. 상대적으로 안정적이기 때문이다.

근린상가와 단지 내 상가 외에도 재래상가, 테마상가, 복합테마상가, 주상복합상가, 최근에 유행하는 스트리트형 상가까지 상가의 종류는 다양하다. '어설프게 테마상가에 투자했다가는 돈이 물릴 수 있으니 피하는 것이 상책'이라는 것이 그의 의견이다.

고 지점장은 "특히 상가 투자해서 실패하는 금액대를 보면 주로 3~5억 원대다. 수중에 있는 금액대에 맞춰 돈을 아낀다고 몇 억 단위로 쪼개 파는 신도시 구분상가의 투자 유혹에 넘어가 함부로 샀다가는 어려움에 처할 수 있다"고 경고했다.

그는 또 '성장 가능성이 높고 흔들리지 않는 상권의 상가에 투자해야 한다'고 조언했다. 위례신도시 등 신도시 상가는 투자 대상에서 제외한 셈이다. 인기를 끌고 있는 점포겸용 단독주택, 단독주택 리모델링 등도 사람이 찾아와 상권을 새로 형성하기가 쉽지 않고 시간이 걸린다는 점에서 추천하지 않았다. 기존에 있던 상권도 흔들리는데 눈에 보이지 않는 상권에 투자하는 것은 너무 위험하다는 것이다.

자본수익과 임대수익을 함께 얻을 수 있는 '흔들리지 않는 상권'은 어떻게 판별할 수 있을까? 간단하다. '2030 미혼여성들이 많이 방문하는 곳'을 기준으로 삼으면 된다. 흔히 유동인구가 많은 상권이 좋은 상권이라지만 실제 소비는 적게 하는 노년층보다는 씀씀이가 있는 젊은 여성들이 찾는 상권, 강남역과 홍대입구 같은 상권이 성장 가능성이 높은 곳이라는 설명이다.

좋은 상권의 특성을 선별하기 위한 요소는 5가지가 제시됐다.

(1) 대학가 상권 (2) 문화가 있는 상권 (3) 오피스와 직장인이 많은 상권 (4) 버스와 지하철이 교차하는 역세권 상권 (5) 가구 수 2,000 이상의 배후 주거단지를 끼고 있는 상권이 5대 요소다. 대학가이면서 문화가 있는 홍대처럼 상권의 요소가 여러 개 결합될수록 좋은 건 물론이다. 사시사철 사람이 몰리는 해운대, 고속터미널·강남역 지하상가 같은 특수상권도 유망하다.

고 지점장은 "식음료 문화만 있어서는 단절되기가 쉬우므로 젊은 문화가 형성돼 있는 곳이 좋다. 삼청동이 뜨는 이유는 북촌 문화와 인사동이라는 전통문화가 있기 때문이다. 상업화가 지나쳐 문화를 잃어가는 지역의 상권은 피하는 것이 좋을 것"이라고 말했다.

남들이 다 좋다고 하는 상권의 상가는 평균 가격도 그에 맞춰 높아지기 마련이다. 지역과 종류까지 골랐다면 남은 것은 어떻게 알짜상가를 '싸게' 매입할지다.

고 지점장은 "발품을 팔아 지역에 정통한 현지 중개업자와 친구가 돼라"고 주문했다. 아무리 좋은 상권이라도 상속, 이혼 등의 사유로 '급매'가 나오기 마련인데 이런 '알짜 급매물'에 대한 정보는 현지 사정에 밝은 사람과 오랜 기간 관계를 쌓아 친해져야만 얻을 수 있기 때문이다.

'경매로 나오는 물건을 싸게 사면 되는 것 아닐까?' 그는 "경매로 투자해야 하는 대상은 상가가 아니라 땅이다. 경매로 나오는 상가는 대부분 기존 시장에서 소화되지 못한 물건들로, 좋은 상가를 경매에서 찾기는 하늘의 별 따기"라고 대답했다.

그는 마지막으로 부자들의 마음가짐을 설명하며 '꿈'을 강조했다. 여러 자산가들과 상담하며 지켜본 경험에 비춰볼 때 '얼핏 불가능해 보이는 큰 꿈을 좇아 끊임없는 노력을 이어가는 사람이 상가 투자에 성공하더라'는 조언이다.

상가 부자들의 10가지 공통점

(1) '어느 시점에 살지'보다 '무엇을 사느냐'를 본다.

　- 많은 사람들이 시장 흐름에 따라 사는 시점을 얘기하지만, 부자들은 순간적 가격 동향보다 '어떤 것을 사느냐'를 중요하게 생각한다.

(2) 실패에 집착하지 않는다.

　- 상가 부자들은 실패를 디딤돌 삼아, 또 상가 투자에 나선다. 1~2번의 투자 실패로 부동산 투자는 나와 안 맞는다고 포기해버려서는 부자가 될 수 없다.

(3) 배우자와 함께 투자한다.

   - 전쟁을 혼자 계획할 수 있어도 실행은 함께해야 한다. 부동산 투자는 배우자 동의 없이는 절대 할 수 없다. 배우자와 함께하는 사람만이 성공한다.

(4) 부자 엄마를 꿈꾸어라.

   - 부자 엄마가 되기 위해서는 큰 꿈을 가져라. 남자들은 가난한 아빠가 되지 않기 위해서 옆집 아줌마가 아닌 배우자의 얘기를 귀담아들어야 한다.

(5) 상가 부자들은 빚을 두려워하지 않는다.

   - 은행 정기예금 금리 1%대다. 이런 저금리 시대 은행에 돈 넣어놓고 부자가 될 수는 없다. 적극적으로 은행 대출을 이용해야 한다. 은행 대출로 가방, 자동차를 사는 것은 소비성 지출이지만, 부동산에 투자하는 것은 자본적 지출, 저축성 지출이다.

(6) 상가 부자들은 멘토가 있다.

   - 멘토가 있는 사람과 없는 사람의 차이는 하늘과 땅 차이다.

(7) 상가 부자들은 속전속결한다.

(8) 부자들은 과감하게 버린다.

   - 가치가 하락하는데도 오피스텔에서 매월 70만 원, 100만

원 나오는데 왜 파느냐고 하는 사람이 많다. 반면 부자들은 제대로 된 것 하나만을 가지고 있다.

(9) 상가 부자들은 헌 집을 산다.

- 상가 부자들은 일반 심리와 반대로 움직인다. 새것을 안 사고 헌 집을 산다. 새집은 판다.

(10) 상가 부자들은 잘 지킨다.

- 돈 버는 것보다 지키는 게 어렵다. 자산을 관리하려면 버는 것도 중요하지만 있는 자산을 어떻게 지키고, 어떻게 늘릴 것인가 고민해야 한다.

그는 마지막으로 영국의 철학자 로저 베이컨의 말을 인용했다. "부(富)를 경멸하는 태도를 보이는 사람은 신용할 수 없다. 부를 얻는 것에 절망한 사람이 부를 경멸하는 것이다." 우리나라 사람들 중에는 부자를 싫어하는 사람이 많지만 그런 사람은 절대 부자가 될 수 없으며 주변에 부자가 많아야 한다는 조언이다.

다시 조명받는 재건축과 재개발,
단지·지역별 분석

고종완의 재건축 아파트 시장 진단

2014 서울머니쇼에서 잠실주공5단지, 반포주공1단지 등 대장주 재건축 아파트를 매입할 때라고 추천했던 고종완 한국자산관리연구원장은 2015 서울머니쇼에서도 '부동산 투자의 대명사'인 재건축 아파트 시장을 꼼꼼하게 진단했다.

특히 그는 현재 일반 수요자, 투자자의 고민을 크게 3가지로 나누고 이를 하나씩 짚어나갔다. 첫째, 집을 사야 할까 말아야 할까(주택 매매 시기)? 둘째, 어떤 지역에 집을 사야 할까(투자 유망 지

역)? 셋째, 어떤 주택이 가장
자산 가치 상승 가능성이 높
을까(유망 부동산 상품)? 이
세 가지 질문이 핵심 화두다.

고 원장은 "2014년에는 다
른 이들이 시장 안 좋다고 할 때 반포1, 잠실5, 개포주공, 압구정
현대까지 묶어 자신 있게 재건축·재개발 아파트를 매입할 때라고
강조했었다. 이제는 이들 대장주가 과거 고점 대비 90% 선까지 차
올라 여력이 1억 원밖에 안 되기 때문에 추격매수보다는 2차 상승
단지를 살펴볼 때"라고 말했다.

그는 2014년 서울머니쇼에서 "거래량과 가격 측면에서 부동산
의 바로미터라고 할 수 있는 강남 재건축 시장에서 바닥 탈출 신
호가 나타나고 있다. 향후 시장은 중소형 아파트와 15년 이상 된
수직증축 리모델링 아파트, 재건축 아파트들이 주도할 것"이라고
말한 바 있다.

그는 2014년에 구체적으로는 잠실주공5단지, 개포주공단지,
반포주공1단지를 재건축 시장을 이끌 3대 대장주로 꼽았고 이 외
에 기대를 모으는 지역으로는 서울의 여의도와 용산, 압구정을 주
목할 것을 주문했었다.

고 원장은 "2015년 5월 지금 시점은 매수 대상으로 용산, 여의도, 마포 등 강북 재건축·재개발과 분당, 평촌 등 수직증축 리모델링 추진 단지를 주목할 때다. 강남 재건축 중에서는 조합설립 단계에 있는 사업 초기 단지들과 통합재건축 추진 단지, 가치가 덜 평가된 송파, 강동구의 대단지들이 수익률 측면에서 유리할 것"이라고 말했다.

고종완 원장이 제시하는 '부동산 투자 3박자의 법칙'

- 시기 선택 : 선행지표, 경기순환변동론(예:벌집순환모형), 10년 주기설 등
- 지역 선택 : 도시성장 사이클, 인근 지역 라이프 사이클, 도시계획, 각종 개발계획
- 상품 선택 : 내재가치 분석, 뉴트렌드, 불황에 강한 부동산 등

특히 이날 고 원장은 상승기에 접어든 2015년 부동산 시장에 대응할 자신만의 차별화된 투자법을 공개해 눈길을 끌었다. 거래량 등 선행지표와 부동산 경기 예측모형 등을 활용해 부동산 경기를 전망하는 데 이어, '가치투자법'과 '트렌드 분석'에 기반을 두고 유망 부동산, 가치 부동산을 선별해 포트폴리오를 재구성하는 과

학적·창의적인 자산관리 전략을 지향하는 점이 자신만의 차별성이라는 설명이다.

그는 '부동산 자산관리' 관점에서 다음과 같은 핵심 질문을 던지고 그에 대한 대답을 이어갔다.

1. 창조적 자산관리 전략이란 무엇인가?
2. 도시와 부동산, 주거의 미래 트렌드는 어떻게 바뀔 것인가?
3. (시기) 부동산 경기의 중장기 예측은?
4. (지역) 지속적으로 성장하는 유망 지역은 어디인가?
5. (상품) 가격이 꾸준히 상승하는 가치 부동산은 무엇일까?

1. 창조적 자산관리 전략이란 무엇인가?

첫째로, 그는 창의성에 기반을 둔 문제 해결 과정(Problem-Solving)으로 창조적 자산관리 전략을 강조한다. '한국은 인구 및 소득 감소로 집값 하락이 불가피하다' 등의 전망에 대해서도 끊임없이 근본적 질문을 던지고 고정관념, 편견, 잘못된 인식을 극복하고 발상의 전환, 역발상을 하라는 것.

특히 그가 강조하는 것은 실물경기, 정책 변화 등 외생변수 움직임에 의존하지 않는 '내재가치 투자법'이다. 실물경기, 정책 등 외생변수보다는 내재가치(근본, 숨은 가치)가 더 중요한데 입지,

대중교통망 등 인프라스트럭처, 대체 불가성, 편의성, 문화적 상 징성 등을 종합적으로 분석해 내재가치를 산출해 낼 수 있다는 것 이 그의 학설이다.

요소별로는 입지가치(공시지가 변동률, 역세권 여부, 서비스 LQ 지수 등), 희소가치(주택 보급률, 인구 1,000명당 가구 수, 입 주 물량 등), 수익가치(매매가 변동률, 전세가 변동률, 거래량 변 동률, 건물 노후도 등), 미래가치(대중교통망, 정비계획, 대규모 공원 및 집객시설 등)의 합이 곧 내재가치가 되는 원리다.

2. 도시와 부동산, 주거의 미래 트렌드는 어떻게 바뀔 것인가?

내재가치를 아무리 잘 알아도 미래 사회의 변화를 무시할 수 없 다. 도시와 부동산, 주거의 미래 트렌드는 어떻게 바뀔까?

'고령층의 주거 이동과 삶의 질을 중시하는 주거 문화를 주목하 라!'는 것이 그의 주문이다. 인구와 소득 측면에서는 저출산, 고령 화, 소가구화에 따른 '도심회귀', '직주의문(職住醫文) 근접화', '저 층 주택과 에코주택 등 소형 주택 선호' 현상을 예상한다.

직주의문 근접화는 직주근접에 의료와 문화를 더해 그가 만든 신조어다. 고령화와 도심회귀가 진행될수록 미래에는 집과 직장 과의 거리뿐 아니라 병원, 문화시설이 가까운 직주의문 근접지가 각광받을 것이라는 진단이다. 도시재생 사업 활성화로 재건축, 재개발, 뉴타운 등이 추진되고 인구가 줄어들수록 도심회귀(U-turn) 현상이 강해져 압축도시, 고밀복합개발도 많아질 것으로 본다.

3. (시기) 부동산 경기의 중장기 예측은?

그렇다면 지금은 집을 살 때인가? 그의 대답은 '그렇다'이다. 수도권 아파트 가격이 2013년 말부터 바닥을 찍고 오르기 시작했으므로 향후 2~3년은 더 상승이 가능하다는 설명이다. 고령화와 도심회귀가 진행될수록 직주의문 근접지가 각광받는 것은 물론이다.

고 원장은 "부동산 상승기에 선도 역할을 해온 강남 재건축 아파트가 선도 시장 역할을 상당 기간 이어갈 것이다. 다만 강남 재건축은 이미 많이 올랐기 때문에, 강북 재건축·재개발과 수직증축 리모델링 시장의 전망이 밝은 편"이라고 말했다. 강남 재건축 아파트가 오르면 강북으로 온기가 확산되기 마련이니 큰 폭 상승이 더 이상 어려운 강남 재건축보다 수익률 측면에서 강북 재건축·재개발 단지를 주목할 필요가 있다는 설명이다.

구체적으로는 용산, 여의도, 마포 등 강북 재건축·재개발과 분당, 평촌 등 수직증축 리모델링 추진 단지를 주목하라고 주문했다. 용산, 여의도, 마포(합정 상권)는 한강 개발과 관련해 강북에서 이제 막 잠에서 깨어나는 지역들이다.

재건축·재개발이 유망한 이유는 간단하다. 역사적으로 경기 상승기에는 늘 재건축 아파트가 살아 움직였고, 2015년에는 분양가 상한제가 사실상 폐지되어 재건축 아파트에 기폭제 역할을 할 것으로 예상해서다. 분양가가 높아지면 추가분담금이 낮아져 조합원의 투자성이 좋아진다. 다만, 일부 단지 사례에서 보듯 관리처분을 앞두고 추가부담금이 급등하는 사례는 유의해야 한다.

특히 그는 강남 재건축 중에서도 조합설립 단계에 있는 단지들에 주목했다. 사업시행인가 단계에 가서는 거래량이 많아지지만 가격 상승 폭이 크지는 않기 때문이다. 사업이 막 가시화되기 시작하는 조합설립 단계를 전후해 지분을 매입하는 투자가 수익률을 높일 수 있는 방법이라는 진단이다.

추진위~조합설립 단계의 단지로는 강남 대치동의 쌍용1·2차, 서초우성1차와 신동아, 송파구 잠실동의 진주아파트와 미성아파트가 꼽힌다. 강남권 중층 단지는 이제 상승을 시작하는 단계다. 개포주공6, 7단지 등 중층 단지와 서초 반포한신, 경남 등 통합재건축 단지도 가치가 덜 평가돼 수익률 측면에서 유리할 수 있다.

재건축은 결국 땅값인데, 단지 간 통합재건축이 이뤄지면 토지 활용도가 높아져 시너지가 발생할 것으로 예상하기 때문이다.

대단지 중에서는 압구정현대, 잠실주공5단지, 반포주공1단지 등이 이미 많이 오른 반면 가락시영이나 둔촌주공은 상승 여력이 더 남아있어 투자성을 따져볼 필요가 있다.

청약통장 가입자는 재건축·재개발 신규 분양 단지를 노리는 것도 효과적이다. 목돈이 안 들고, 추가부담금 위험 회피, 전매차익이 가능한 장점도 있기 때문이다.

1시간여의 강연 동안 그는 부동산 경기 전망, 분양가상한제 사실상 폐지 등 정책 변화, 1~2% 초저금리 대출, 투자 수요 증가세, 새 아파트 선호와 도심권 회귀 등 미래 주거 트렌드를 종합적으로 훑었다. 서울 재건축 아파트는 향후 2~3년간 최고의 유망 부동산으로서의 위치와 상품성을 유지할 것으로 보인다는 것이 그의 2015년 재건축 시장 진단이다.

자산을 불리는 틈새재테크
'경매와 부실채권'

부동산 경매 이렇게 하라

지지옥션의 김부철 팀장과 강은 팀장은 2015 서울머니쇼에서 저금리 재테크 중 부동산 경매만큼 효과적인 것도 없다고 강조했다. 김 팀장은 "재테크에는 수익성과 안정성, 환금성 이 3가지가 중요하다. 주식은 수익성·환금성은 있지만 안정성은 담보돼 있지 못하다"고 말했다.

그렇다고 정기예금도 답은 아니다. 김 팀장은 "예·적금이나 채권은 제로금리 시대에 수익성이 있다고 보기 힘들다"고 밝혔다.

예금은 매우 안전하고 환금성이 뛰어난 장점이 있어 그동안 많은 사람이 선호해왔다. 특히 과거 연 5~6% 이자가 나올 때만 해도 선호했던 자산이었다. 하지만 지금은 연 2%대 수익도 내기 힘들고 세금 내면 남는 것이 없다. 따라서 이 돈이 어디로 투자될지가 초미의 관심사인 것이다.

지지옥션 강은 팀장 　지지옥션 김부철 팀장이 서울머니쇼에서 강연하는 모습

1. 부동산 경매가 뜬다

이런 저금리 상황 때문에 다시금 주목받는 게 부동산이다. 인기 있는 아파트 단지 위주로 분양 열기가 올라간 곳들도 많다. 부동산은 실물자산이어서 주식과 비교할 때 비교적 안전하다. 거품이 아닌 이상 자산이 급격하게 떨어지지 않기 때문이다. 때때로 주식이 '반 토막' 나는 것과 비교된다.

하지만 부동산은 환금성이 떨어진다. 사고팔 때 매수·매도자를 찾기 힘들기 때문이다. 적기에 팔고 적기에 사야 수익을 극대화할 수 있는데 부동산은 가격이 비싸고 절대비교가 어려운 자산이기 때문에 당장 현금으로 만들기 어렵다.

만약 환금성만 확보된다면 부동산에 투자하는 사람들이 많을 것이다. 김 팀장은 "전통적인 부동산의 장점인 수익성과 안전성이 보장되면서 여기에 환금성만 확보되면 부동산 투자를 해볼 만하다는 얘기가 된다"고 설명했다.

그에 따르면 환금성을 높이기 위해서는 부동산을 저가로 매입하면 된다. 김 팀장은 "지금은 부동산이 오르는 시대는 아니며 가격이 올라도 강보합세 정도다. 그렇다면 부동산을 저가에 매입하는 것이 해결책이며 방법은 경매"라고 말했다.

경매로 부동산 싸게 사는 원리

부동산 경매 물건의 권리관계가 복잡할수록 저가로 매입할 수 있다. 때때로 반값에 살 수 있는 경매도 있다. 일반인들이 접근하는 아파트 같은 일반적인 물건은 반값에 사기 어렵겠지만 권리관계를 잘 분석하면 상가 등을 반값에 살 수도 있다. 김 팀장은 "부동산은 보통 무릎에 사서 어깨에 팔면 수익을 낼 수 있다. 경매는 무릎보다 아래서 사서 어깨에 팔아 수익을 추구하는 셈"이라고 말했다.

부동산을 싸게 사려면 물건을 잘 분석해야 한다. 실물을 잘 뜯어보는 능력도 필수적이다. 상황이 이렇다 보니 경매를 아는 퇴직 금융사 직원들이 경매 시장 쪽으로 진출해 자금을 안정적으로 늘려가기도 한다.

일반인들도 부동산 경매에 쉽게 나설 수 있도록 관계법이 정비된 것도 저가 매입이 가능한 바탕이 됐다. 과거에는 경매에 브로커들이 판치는 형국이었지만 2002년 7월 1일자로 현행 민사집행법이 개정돼 민간인도 경매에 참여할 수 있게 됐고 투명한 거래가 확보됐다.

2. 경매의 장점

첫 번째, '돈을 벌 수 있다'

경매를 이용하면 부동산을 시가보다 싸게 매입할 수 있어 되팔 때 돈을 벌 수 있다. 일반적으로 경매는 법원이 정한 현장평가사가 매긴 시가 기준으로 가격이 정해진다. 경매 물건의 시가가 1억 원으로 책정되면 입찰에서 1억 원을 써내는 사람은 없다. 시가보다 싼값에 사야 돈이 되기 때문이다.

그래서 2차 입찰에서 시가의 20~30%를 떨어뜨린다. 1억 원짜리 물건이 7,000~8,000만 원 정도 되는 셈이다. 2차례 유찰되면 물건은 절반 가격이 된다. 이런 시스템을 사전에 알고 좋은 물건 골라서 입찰에 들어가면 저가로 매입이 가능한 구조다.

두 번째, '안전하다'

경매란 매도인이 매도할 능력을 상실해서 채권자가 법원에 '빚잔치'를 신청하는 것이라고 볼 수 있다. 신청 이후 물건에 대해 경매가 진행되며 물건을 낙찰받고 잔금만 내면 소유권 이전 등기가 나온다. 이때 법원은 압류 등 모든 권리관계를 말소해준다. 상황이 이렇다 보니 사고 날 일이 없고 오히려 일반적인 매매보다 안전하다고 볼 수 있다.

세 번째, '더 잘 팔 수 있다'

이미 저가에 부동산 물건을 매입했다면 나중에 되파는 것도 용이하다. 저가에 매입하다 보니 목표수익을 얻었다면 시가보다 저가에 팔 수도 있는 셈이다. 가격 책정이 유연하므로 환금성을 중시하는 사람은 큰 공을 들이지 않고 현금으로 바꾸기 쉽다는 얘기다.

또 중개업소에 물건의 매도를 의뢰할 때 순가중개계약을 맺게되는데 저가로 매입한 물건이라면 중개업자에게 법정수수료 이상의 수수료를 챙겨줄 수 있다. 이렇게 되면 중개업자는 다른 물건보다 돈을 더 얹어준 물건 매매를 더 활발하게 알아볼 것은 당연한 이치다. 이 역시도 저가 매입을 통한 여유 덕분에 가능한 일이다.

네 번째, '목 좋은 곳 물건을 사들일 수 있다'

일반적으로 국토교통부가 지정한 토지거래허가구역에 묶이면 해당 지역의 물건을 매입할 때 매매자금까지 모두 서류로 제출해야 한다. 하지만 경매를 받으면 토지거래허가를 받은 것으로 간주하기 때문에 서류 제출 의무가 없다. 바로 '국토계획 및 이용에 관한 법률'에서 경매는 예외로 두기 때문이다.

토지거래허가 지역은 보통 투기 지역을 의미하며 토지와 건물 값이 큰 폭으로 오른다. 지가와 건물가가 급격히 오르는 곳이기 때문에 토지거래허가를 받기 어렵다. 그런데 경매를 이용하면 이런 단계를 건너뛰고도 투기 지역 내 토지와 건물을 매입할 수 있다.

다섯 번째, '세금우대가 있다'

경매로 부동산을 매입하면 부가세를 내지 않아도 된다. 부가가치세법에서 '경매로 낙찰받는 물건은 재화 공급이 아니어서 부가세를 낼 필요가 없다'고 규정하고 있기 때문이다. 김 팀장은 "경매 물건이 빨리 팔려서 채권자들을 만족하게 해주기 위한 것이 이런 특혜를 주는 이유"라고 말했다.

3. 경매, 어떻게 해야 하나?

일단 권리분석 제대로 하라

일반적으로 부동산은 매도자 우위 시장이다. 하지만 경매는 반대로 매수자가 우위인 시장이다. 예를 들어 경매를 하고자 하는 사람이 관심 있는 지역에 가서 숙박업소나 아파트 등을 고르면 된다. 입찰 가격도 구미에 맞춰서 진행하면 된다. 경매 법정은 휴일을 빼고 1년 내내 열리니 시기 역시 선택할 수 있어 매수자 우위 시장인 셈이다.

경매로 돈을 많이 벌 수 있고 매수자 우위 시장이라고 해서 아무나 뛰어들어도 될까? 김 팀장은 "절대 안 된다"고 단언한다. 그는 "경매를 통해 돈을 벌 수는 있지만 그렇다고 그냥 벌긴 힘들다. 우선 물건에 대한 권리분석이 완벽해야 한다"고 말했다.

권리분석이란 물건을 골라서 낙찰을 받고 거기 사는 사람을 내보내는 명도까지 전 과정을 의미한다. 이를 명확하게 하기 위해서는 법률 공부부터 새로 해야 한다는 게 김 팀장의 의견이다. 김 팀장에 따르면 권리분석과 관계된 법률만 10개에 달한다. 민법, 민사집행법, 가등기담보법 등이다.

김 팀장은 "아무것도 안 하고 낙찰만 받으면 돈 번다는 말에는 절대 동의할 수 없다. 권리분석에 강해야 돈을 많이 벌며 그 공부는 한두 달로도 부족할 정도로 법률이 난해하다"고 말했다. 그는 이어 "가장 쉬운 책부터 공부해야 한다"고 조언했다.

경매 입찰장에 가보면 물건이 시가의 절반 이하로 떨어진 경우도 심심찮게 볼 수 있다. 예를 들어 1억 원짜리 물건이 5,000만 원까지 떨어진 경우이다. 그 경우 '덜컥' 샀다간 큰코다친다. 김 팀장은 "왜 싼지 아닌지를 잘 알아야 하며 그 이유를 알려면 권리분석을 제대로 해야 한다"고 말했다.

입찰에 몇 차례 떨어졌다고 해서 오기로 높은 가격을 써내서도 안 된다. 1억 원짜리 물건을 9,900만 원에 낙찰받으면 안 된다는 얘기다. 일부에서는 경매 컨설턴트가 부추겨 9,000만 원에 입찰가를 내는 경우도 있는데 이렇게 낙찰받으면 기분은 좋겠지만 결국 실거래가격으로 사는 셈이어서 경매의 매력이 사라진다.

현장을 챙겨라

경매든 매입이든 부동산을 볼 때 가장 중요한 것은 '임장활동'이라 불리는 현장답사다. 공인중개사에게도 가장 중요한 것은 임장활동이다. 김 팀장은 "예쁘고 잘생긴 사람을 많이 만나다 보면 더 예쁘고 잘생긴 사람도 눈에 보인다. 부동산도 여러 물건을 봐야 비교가 된다"고 말했다. 한 번만 봤는데 '아 부동산 잘생겼네, 돈 좀 되겠네'라고 판단하지 말라는 얘기다.

이를 위해 부동산을 보는 눈을 키워야 한다는 게 김 팀장의 말이다. 그는 "주말에 시간 있을 때는 자기가 관심 있는 지역으로 가서 이 물건도 보고 저 물건도 보면서 장단점을 비교해야 한다. 권리분석과 함께 많은 임장활동으로 충분한 경험치를 쌓아야 한다"고 말했다. 결국 권리분석은 이론, 임장활동은 실제라는 의미다.

경매에 들어가기 전에 법원은 물건의 감정부터 한다. 감평사 협회가 감평사 명단을 법원에 제출하면 법원은 감평사를 무작위로 골라서 평가를 맡긴다. 감평사들이 정확히 감정한다고는 하지만 일부 아파트, 빌라 같은 경매 물건 등 감정이 쉬운 것들은 '탁상 감정'도 한다.

이른바 '탁감'이라고 불리는 행태인데 이 때문에 감정가가 실제와 다를 수 있다. 만약 입찰자가 현장을 두루 살피고 인근 중개업소 3~4군데에서 정보를 교환한다면 물건의 '허와 실'을 알 수 있다. 일각에서는 채권·채무자와 짜고 높게 제보해주는 중개업소도 있으니 잘 살펴야 한다. 즉, 감정가격만 보고 입찰에 들어가는 것은 금물이며 실물을 충분히 확인해보고 가격도 제대로 알아보고 판단해야 한다는 게 김 팀장의 의견이다.

또 명도비, 세금 등을 고려해 매입 기준가도 정해놓자. '그 이상은 쓰면 안 되겠다'는 기준을 갖고 있어야 한다는 얘기다. 김 팀장은 "'나는 물건 하나 받아서 5~10%의 수익만 내고 팔겠다'는 등의 구체적인 기준을 정해야 한다"고 말했다.

만약 경매 쪽을 2년 정도 제대로 익힌다면 1억 원으로 10~20% 수익 내는 것들을 많이 접할 수 있다. 물론 이 과정에서 남을 서럽게 하는 경우도 있다. 단독주택 낙찰받고 명도할 때면 추가비용이 들어 손해 볼 수 있다. 만약 입찰자가 싸게 낙찰받았다면 명도 과정에서 세입자에게 이사비를 많이 줄 수 있어 낙찰 후 과정이 손쉬워진다.

4. 부실채권(NPL) 활용법

부실채권은 부동산 경매를 어느 정도 아는 사람들이 관심을 두는 대상이다. 일반적으로 부실채권이란 '대출 이후 정상적인 약정대로 상환되지 않은 채권'을 의미한다. 은행은 돈을 빌려준 뒤 3개월 동안 제대로 회수가 되지 않을 때 부실채권으로 분류하고 특별 관리한다.

하지만 부동산 부실채권은 다소 다르다. 부동산 부실채권이란 '경매에 들어갈 부동산의 근저당채권을 싸게 매입해서 배당으로 인한 차액으로 수익을 내거나, 낙찰을 위한 전략으로 활용하는 동시에 절세수익까지 기대할 수 있는 투자'를 의미한다.

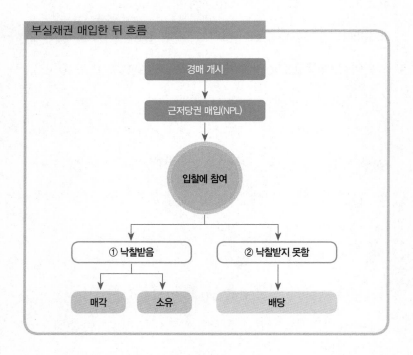

부실채권 매입한 뒤 흐름

경매 개시

근저당권 매입(NPL)

입찰에 참여

① 낙찰받음

② 낙찰받지 못함

매각   소유

배당

부실채권은 경매 성공의 지름길

부실채권을 사면 경매 입찰자가 직접 물건의 채권자가 되므로 다양한 혜택을 얻을 수 있다.

강 팀장은 "채권자는 이해관계인이 되기 때문에 다른 입찰자들이 접근하지 못하는 물건의 서류를 자세히 볼 수 있고 심지어 경매 일자와 시간의 변경과 정지도 가능하다. 채권자 지위가 있으므로 요리를 다양하게 할 수 있어 경매에서 부실채권은 활용 가치가 많은 무기"라고 설명했다. 만약 반복되는 패찰에 대한 해결책을 찾는다면 부실채권을 먼저 매입한 뒤 입찰하면 우월한 위치를 활용해 더 좋은 조건에서 낙찰받을 수 있다.

예를 들어 감정가 2억 1,000만 원짜리 아파트를 가정해보자. 이 아파트는 대출 1억 3,000만 원(시세의 62%)이 있는 집이다. 대출금의 130%인 1억 6,900만 원이 등기상 근저당으로 잡혀있다. 입찰자는 대출원금 1억 3,000만 원에서 할인받아 대출원금의 85%인 1억 1,000만 원에 부실채권을 매입했다.

만약 경매에 입찰해 해당 물건을 낙찰받았을 경우를 따져보자. 잔금을 치를 때 부실채권의 근저당권만큼 상계처리할 수 있다. 좀 더 자세히 본다면 낙찰가인 1억 8,000만 원을 잔금으로 치러야 할 때 부실채권 매입가는 1억 1,000만 원이지만 근저당권인 1억 6,900만 원까지 상계처리할 수 있다. 따라서 추가 잔금으로 1,100만 원을 더 내면 되는 셈이다.

결국 아파트 시중가 2억 1,000만 원에 되판다면 얻을 수 있는

수익은 8,900만 원이다.(2억 1,000만 원-1억 1,000만 원-1,100
만 원=8,900만 원)

권리관계가 복잡한 물건일수록 낙찰 이후 추가 자금이 들어갈
경우가 많은데 이처럼 부실채권을 이미 갖고 있었다면 각종 추가
상계처리할 대금으로 쓸 수 있다.

부실채권으로 배당받기

부동산을 전문으로 재테크하는 사람들 중 부실채권으로 배당을
받는 경우도 있다. 경매는 낙찰받기도 어렵지만 낙찰을 받더라도
과정이 복잡하기 때문이다. 이런 배당차익 추구가 최근에는 새로
운 투자법으로 주목받기도 한다.

이런 의도를 갖지 않고 경매에 들어갔다가 유찰된다고 해도 부
실채권을 가진 만큼 배당을 받을 수 있는 장점도 있다. 강 팀장은
"일반적으로 패찰자는 볼펜 한 자루 남는 게 없지만 부실채권 가
진 사람은 여전히 채권자라서 배당받을 수 있다. 누군가가 훨씬 높
은 금액을 냈기 때문에 차액을 배당으로 받는 것"이라고 말했다.

위 사례의 2억 1,000만 원짜리 아파트가 누군가에게 1억 8,000
만 원에 낙찰됐다고 가정하자. 이럴 경우 비록 낙찰받지는 못했지
만 채권자로서 배당이익을 받을 수 있다. 배당이익은 '근저당 채권

총액(1억 6,900만 원)-부실채권 매입가(1억 1,000만 원)=5,900
만 원'이 된다.

심지어 부실채권 투자차익은 양도세가 없기 때문에 세금도 아
낄 수 있다. 투자한 지 6개월~1년이면 배당을 받을 수 있어 빠른
투자금 회수도 할 수 있다. 부동산 담보 채권이어서 안정적이면서
도 환금성까지 두루 갖췄다고 할 수 있다.

질권대출로 부실채권 매입하기

부실채권 5억 원짜리를 산다면 그중 내 돈은 10~30%만 있어도
된다. 나머지는 대출이 가능하다. 부동산 살 때도 내 돈 100%로
사는 사람이 많지 않은 것과 같다. 강 팀장은 채권담보대출인 은행
권 질권대출을 받아서 투자하길 권한다. 오히려 부동산담보대출
보다 대출가능비율이 더 높아 대출이 쉽다는 설명이다.

Seoul
Money
Show

Part
02

초저금리 시대의
현명한 증시 투자법

혼돈의 글로벌 경제, 투자 전략의 패러다임이 바뀐다
최고 펀드매니저 3인의 가치주 가려내기
초저금리의 돌파구 '펀드' 새로 보기
스타 펀드매니저의 트렌드 종목 찾기
종목 투자가 어렵다면 ETF 활용하라
진화하는 주가연계 상품의 세계
후강퉁과 해외 주식 철저 가이드

혼돈의 글로벌 경제,
투자 전략의 패러다임이 바뀐다

선진국 주식 투자 비중 늘리자

"2015년 하반기 투자수익률은 선진국 주식에 달려있다. 적극적인 투자자라면 자산의 50%를 선진국, 특히 유럽과 일본 주식에 투자하라."

스티브 브라이스 SC그룹 글로벌투자전략 헤드는 2015 서울머니쇼 개막 강연에서 선진국 주식에 주목하라고 강조했다. 그는 지난 20여년간 SC그룹에서 투자 경력을 쌓은 글로벌 시장 전문가다. 현재 싱가포르에서 SC그룹의 주요 시장인 중국 등 동아시아

시장을 아울러 글로벌 투자
전략을 결정하고 있다.

그가 2015년 하반기부터
2016년까지 투자자들에게
투자 바구니에 가장 많이 담
으라고 조언한 자산은 바로
선진국, 특히 미국과 유럽,
일본 주식이었다.

브라이스 헤드는 본인의

스티브 브라이스 SC그룹 글로벌 투자전략 헤드가 서울
머니쇼에서 강연하는 모습

투자 성향에 따라 선진국 주식 시장에 대한 투자 비중을 늘리라고
조언했다. 그는 "공격적인 투자자라면 자산의 50% 이상을 선진국
주식 시장에 투자하라"고 제시했다.

2008년 글로벌 금융위기 이후 선진국은 정부 차원에서 대량의
돈을 푸는 '양적완화' 정책으로 경기 부양을 추구해왔다. 그 결과
미국, 유럽, 일본 등 선진국들이 기업 실적을 비롯해 여러 가지 경
제지표상에서 안정적인 성장세를 보이고 있다.

브라이스 헤드는 "기업들의 M&A 거래 규모가 글로벌 금융위기
전 고점 수준에 근접하면서 글로벌 주식이 강세를 보이고 있다. 채
권보다 글로벌 주식 투자 비중을 높이라"고 조언했다.

그는 "미국과 유럽, 일본 등 선진국들이 정책적으로 세계 경기 부양을 견인하면서 성장이 가속화되고 있다. 주식 시장에서 두 자 릿수 수익률도 기대할 만하다"고 덧붙였다.

1. 유럽과 일본에 주목

브라이스 헤드는 글로벌 시장에서 유럽과 일본을 향후 최고 투 자 유망 지역으로 꼽으며 "유로존의 성장세에 대해 실망스럽다는 의견이 많지만 당국이 2016년까지 강력한 경기 진작과 통화 진 작 정책을 쓰고 있기 때문에 회복세가 지속될 것으로 본다"고 설 명했다.

일본의 경제 성장에 대해서도 긍정적인 의견을 내비쳤다. 브라 이스 헤드는 "아베노믹스의 약발이 떨어지면서 일본 GDP 성장률 이 떨어지고 있지만 일본 기업은 여전히 최근 몇 년간 플러스 이익 을 내고 있다. 아직 싸기 때문에 투자할 만하다"고 말했다.

그는 "일본은 계속해서 컨센서스 추정치를 뛰어넘는 실적을 보 여주고 있는데 현재 환경이 계속 긍정적으로 유지되면서 기업 이 익을 뒷받침하고 있다는 점을 감안할 때 주식 시장 수익률은 양호 한 모습을 유지할 가능성이 높다"고 덧붙였다.

2. 미국도 회복세

브라이스 헤드는 미국 경제도 회복세를 전망했다. 그는 "유가 하락과 우호적인 미국 정부 정책이 소비자와 기업에 긍정적 영향을 미치면서 미국 경제는 최근의 약세에서 회복할 것으로 예상한다. 자산 가격 상승에 따른 부의 효과로 인해 소비가 증가할 것으로 기대하고 있다"고 설명했다.

다만 "미국 시장에 대해 긍정적인 전망을 하고 있지만 향후 12개월 동안 글로벌 주식 대비 우월한 성과를 보일 것으로 예상하지는 않는다"고 덧붙였다.

최근 투자자산으로 인기를 끌고 있는 달러에 관해서는 "앞으로 1년간 소폭 강세일 것으로 보이며 단기적으로는 보합세가 예상된다"고 말했다.

신흥국 시장은 관망세

브라이스 헤드는 선진국에 대한 투자 비중을 늘리라고 조언하는 한편 신흥 시장에 대해서는 투자 비중을 축소하기를 추천했다.

2015년 하반기 미국 연준(FRB)의 금리 인상이 예정되면서 글로벌 경기 변동성이 확대될 수 있기 때문이다. 그는 "미국 연준의 첫 금리 인상 시점은 2015년 9월이나 그 이후로 예상한다. 달러 강세가 아시아로의 자금을 흡수하면서 일본을 제외한 아시아가 역풍을 맞을 수 있다"고 분석했다.

1. 중국, 인도, 대만, 태국은 유망

특히 브라이스 헤드는 아시아를 제외한 러시아, 브라질 등 신흥 시장으로부터의 자금 이탈을 가장 크게 우려했다. 반면 일부 아시아 지역에서는 여전히 플러스 수익이 기대된다고 추천했다.

그는 중국, 인도, 대만, 태국은 최근 주식 시장이 호조를 보이고 있는 데다 정부에서도 개혁에 속도를 붙여 전망이 긍정적이라고 판단했다. "전체 아시아 지역은 플러스 수익을 예상하며 중국(H 주), 인도, 대만, 태국을 선호한다"고 밝히기도 했다.

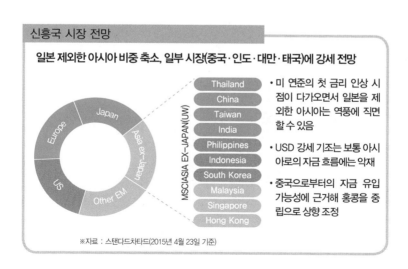

신흥국 시장 전망

일본 제외한 아시아 비중 축소, 일부 시장(중국·인도·대만·태국)에 강세 전망

Thailand
China
Taiwan
India
Philippines
Indonesia
South Korea
Malaysia
Singapore
Hong Kong

MSCI ASIA EX-JAPAN(UW)

Europe / Japan / US / Other EM / Asia ex-Japan

• 미 연준의 첫 금리 인상 시점이 다가오면서 일본을 제외한 아시아는 역풍에 직면할 수 있음

• USD 강세 기조는 보통 아시아로의 자금 흐름에는 악재

• 중국으로부터의 자금 유입 가능성에 근거해 홍콩을 중립으로 상향 조정

※자료 : 스탠다드차타드(2015년 4월 23일 기준)

중국 본토 시장에 대한 투자는 주의하라고 조언했다. 브라이스 헤드는 "중국 주식은 홍콩 증시에 상장된 H주식을 통해 투자하는 게 좋겠다. 중국 A주에 비해 가격이 싸다. 중국 본토 주식 시장은 2005년부터 급속도로 성장하면서 최근에는 거품이 끼기 시작한 것으로 보인다. 중국 A주에 투자했다면 아시아 다른 국가로 분산할 필요가 있다"고 강조했다.

2. 채권보다는 주식

글로벌 시장에서 채권에 대해서는 다소 유보적인 입장을 보였다. "주식과 채권의 수익률 차이가 역사적 평균을 상회하는 수준이다. 채권 대비 글로벌 주식 투자 비중을 늘리라"고 제안했다.

반면 채권에 투자한다면 신흥 시장 투자 등급 국공채 비중을 확대하라고 조언했다. 그는 "신흥 시장 투자 등급 국공채가 상대적으로 낮게 평가돼있다. 브라질과 터키를 둘러싼 우려도 이미 가격에 반영돼 리스크가 낮다"고 설명했다.

싱글 디지트 성장 기대되는 한국 주식 시장

"한국 증시는 2015년 '하이 싱글 디지트(High single-digit)'를 기록할 것이다."

브라이스 헤드는 한국 주식 시장을 신흥국 시장 중에서도 긍정적으로 평가했다. 그가 말하는 하이 싱글 디지트는 7~9%의 높은 성장률을 의미한다.

그는 미국 금리 인상, 원화 값, 국제유가 흐름을 고려했을 때 중장기적으로 한국 주식 시장이 유망하며 "미국 금리 인상 기대가 미뤄지면서 글로벌 유동성이 좋아졌고, 원화 값이 약세를 보이며 국제유가도 낮기 때문이다. 다만 글로벌 국가에 공통으로 적용되는 부분이기 때문에 기업들의 실적이 한국 증시 향방을 결정할 것"이라고 말했다.

1. 성장주, 중소형주 '옥석' 가려야

브라이스 헤드는 한국에 대해서 경제성장률이 둔화되고 있지만 중장기적으로 주식 시장이 강세를 보일 수 있다고 긍정적으로 평가했다. 그는 "한국 블루칩 주식, 성장주, 중소형주는 강세를 보일 것으로 전망한다. 금리 인하나 추경과 같은 추가 부양책이 실시될 전망이기 때문에 중장기적으로 투자할 만하다"고 말했다.

브라이스 헤드는 "한국에 투자할 때는 실적 모멘텀이 있는 우량주를 고르거나 주식 선택이 뛰어난 펀드 위주로 짜는 전략을 유지해야 한다"고 강조했다.

유망 투자자산으로 우량주를 꼽은 것도 실적이 마무리되는 시점에서 '옥석 가리기'가 일어날 것이기 때문이다. 그는 "현시점에서도 좋은 주식을 잘 고르는 상품의 경우 충분히 투자 매력이 있다. 앞으로 기간 조정이나 변동성이 나타나도 실적 모멘텀이 있는 주식은 상대적으로 견조한 추이를 보일 것"이라고 분석했다.

2. AIIB 호조에는 신중히 접근해야

2015년 중국 주도 아시아인프라투자은행(AIIB) 설립이 초미의 관심사로 떠오르고 있다. 중국 투자에 특화된 SC그룹 투자전략 헤드인 그는 신중한 입장이었다.

브라이스 헤드는 "일각에서는 한국 기업들이 AIIB 지분 참여에 대한 수혜를 크게 받을 것이라고 기대하지만 인프라 투자와 관련된 건설·화학·철강 등 업종은 이미 중국 기업들도 상당한 경쟁력을 갖췄다. 무작정 투자하기보다는 AIIB 설립과 안착, 그 과정을 면밀히 살펴보며 투자 기회를 가늠하는 자세가 필요하다고 생각한다"고 밝혔다.

노후 대비 최적의 상품은 '인컴펀드'

브라이스 헤드는 은퇴 설계를 위해 국내 투자자들이 주목해야 하는 상품으로는 '인컴펀드'를 꼽았다. 인컴펀드는 배당 주식과 고금리 해외 채권에 집중적으로 투자하는 자산배분 펀드다.

주식 등의 가격 상승에 따른 차익보다는 이자, 배당과 같은 정기적인 수익을 목적으로 하는 펀드다. 채권이나 부동산투자신탁, 고배당주 등에 골고루 투자해서 일정한 수익(Income)을 챙긴다. 경기 변동성에 따른 위험을 최소화해 대표적인 중위험·중수익 상품으로 꼽힌다. 매월 생활비를 충당해야 하는 투자자에게는 현금 흐름이 꾸준하다는 점에서 매우 유용한 상품이다.

브라이스 헤드는 "임금 수입이 끊기더라도 매월 현금 흐름이 유지될 수 있도록 자금을 운용하는 게 바람직하고 만일의 상황을 대비할 수 있는 추가 계획도 확보해 놔야 한다. 위험은 어느 정도 관리하면서 고정적인 수익을 추구할 수 있는 다양한 '인컴펀드'들에 투자할 것을 권한다"고 말했다.

최고 펀드매니저 3인의
가치주 가려내기

가치투자 고수가 전하는 투자 비법

가치주 펀드 10조 원 시대를 맞았다. 2013년부터 2014년까지 5조 원이 넘는 자금이 유입됐고 2015년 1분기에도 국내 주식형 펀드에서 돈이 빠지는 동안 가치주 펀드에는 4조 원 이상의 자금이 모였다. 박스권 5년간 변동성에 지친 투자자들이 방어적인 투자, 시장의 변동성을 줄일 수 있는 투자로 관심을 돌린 결과다.

가치투자를 가장 단순하게 표현하면 제값보다 싼 주식을 사는 것이다. 천편일률적 잣대로 보이지만 '무엇이 싼 주식인가, 회수

기간을 어떻게 할 것인가'를
두고는 운용사와 펀드매니
저별로 상당한 의견 차를 보
인다. 진정한 가치투자의 정
의와 가장 효과적인 가치투

가치투자 고수들이 서울머니쇼에서 강연하는 모습

자 전략은 무엇인지 가치투자 대가 3인의 의견을 모았다.

국내 가치투자 1세대인 이채원 한국투자밸류자산운용 부사장,
'코리아펀드'로 한국 투자의 역사를 새로 쓴 존 리 메리츠자산운용
대표, 가치투자로 자문업계 선두에 오른 최준철 VIP투자자문 대
표 등 3인방이 그 주인공이다.

1. 가치주 투자란

가치주 투자도 결국 주식을 사는 것. 주식 투자에 대해 그들은
입 모아 당위성을 강조했다. 리 대표는 "주식 투자는 좋고 나쁜 게
아니고 무조건 해야 하는 것이다. 자본주의 사회에서 주식을 통
해 기업의 일부분을 보유해 자본가가 돼야 한다"고 말했다. 그는
"기업은 부침이 있기 마련인데 장사가 안돼도 팔지 않고 기다릴 수
있는 대주주 마인드가 필요하다. 주식 투자를 다소 미련하게 해도
된다고 생각한다"고 덧붙였다.

이 부사장은 수익률이 높은 곳을 향하는 돈의 속성상 주식 시장으로 자금이 몰릴 수밖에 없다고 설명했다. 이 부사장은 "2015년 5월 현재 국내 기업의 시가총액과 실적 등을 감안한 주식 기대수익률이 6.9%인데 이는 1~2%대의

이채원 한국투자밸류자산운용 부사장

예금·채권 수익률보다 훨씬 높다. 코스피가 현 수준에서 10~20% 올라 2,400포인트까지 가야 적정 수준이 된다"고 평가했다.

이어 그는 "주식이 너무 비싸거나 거품이 끼면 투자를 자제하는 게 좋지만 지금은 적절한 시점이라고 생각한다. 언제 주가가 오를지 모르고 미래를 전망할 수는 없지만 현재 국내 주식 시장은 저평가됐다"고 덧붙였다.

최 대표는 개별 종목 투자를 위한 선구안을 갖추는 게 중요하다고 강조했다. 그는 "유동성 장세로 자금이 주식으로 이동하겠지만 대세 상승장은 아니다. 시장 전체를 사는 게 아니고 시장의 구성 요소인 개별 주식을 사야 한다"고 말했다. 또한 "과거에 비해 개인 투자자 입장에서 직접 투자할 종목을 선택하기가 어려워졌다. 하지만 눈높이를 낮추고 오래 기다릴 수 있다면 살 주식은 많다"고 조언했다.

2. 가치주 투자 전략

가치주 투자 전략이란 것이 정해진 것은 아니다. 기업 실적이나 재무 상태에 비해 저평가된 우량주를 발굴하는 게 가치주 펀드의 일반적인 특징이었다면 최근에는 실적 대비 주가 수준이 높더라도 중장기적으로 성장 지속성만 있다면 과감히 포트폴리오에 담는다.

2015년 2월 말 기준 금융정보분석업체 에프앤가이드에 따르면 국내에서 운용 중인 가치주 펀드 45개 가운데 최근 1년 수익률 상위 10개 펀드 중 9개가 12개월 예상 주가수익비율(PER)이 10배 이상인 것으로 나타났다. 주가순자산비율(PBR)은 10개 펀드 모두 1배 이상이었다.

반면 최근 1년 성과 하위 10개 가치주 펀드 가운데 5개는 PER가 10배 미만이었다. 잘나가는 가치주 펀드들의 평균 밸류에이션이 높은 것은 지난해부터 가치주 투자 트렌드가 단순히 실적 대비 저평가 종목을 발굴하는 데서 그치지 않고 꾸준한 성장성이 가미된 신성장 가치주를 찾는 것으로 바뀌고 있기 때문이다. 중국 소비·모바일·헬스케어로 요약되며 새로운 산업 트렌드에 해당되는 화장품, 소셜네트워크서비스(SNS), 제약 등 관련 종목은 밸류에이션과 상관없이 가치주 펀드들이 꾸준히 투자를 늘리고 있는 것이다.

이 부사장은 "가치투자에 대해 투자자들의 오해가 많다. 성장성은 가치투자의 핵심인데 이를 성장주 투자와 비교하는 것은 바람직하지 않으며 가치투자의 반대는 모멘텀 투자라고 할 수 있다"고 말했다. 리 대표 역시 "회사의 펀더멘털을 보지 않고 단기 투자하는 것은 카지노에서 도박을 하는 것과 같다"고 평가했다.

유망 업종과 종목은?

가치투자 고수 3인방의 관심은 개별 종목이다. 어떤 업종과 종목이 향후 한국 시장을 선도할 것인지에 초점이 맞춰져 있다. 그중에서도 회사 스스로 자신의 운명을 결정할 수 있는 기업, 국가를 뛰어넘어 이익을 낼 수 있는 기업을 찾고자 한다.

이 부사장은 수익성·안정성·성장성이 가치투자 종목 선정 기준의 3요소라고 정의했다. 그는 "수익성은 현재 기업이 벌어들이는 현금 창출 능력을 의미하고 안정성과 성장성은 각각 과거의 자산 가치와 미래의 사업 모델로 볼 수 있다. 이 중 수익성과 안정성은 각각 PER, PBR로 정량적으로 분석할 수 있다"고 말했다. 또한 가치투자 3요소(안정성·성장성·수익성)를 기준으로 주식에 투자한다면 각 3 대 3 대 4의 비율로 투자할 것을 조언했다.

이 부사장은 이와 같은 기준으로 종목
을 선정할 경우 지주사와 유틸리티, 금융
업종이 유망하다고 전망했다. 그는 "국
내 기업 지주회사의 경우 대주주 지분율
이 높고 자산 가치가 높아 저평가돼있다.
유틸리티업종의 경우 안정적인 사업 모

존 리 메리츠자산운용 대표

델을 갖고 있고 이익 창출 능력이 우수하며 은행과 보험 등 금융업
종 역시 꾸준히 수익을 내 좋아 보인다"고 말했다.

리 대표는 세상의 트렌드를 읽고 이에 맞는 투자 전략을 세울 것
을 조언했다. 그는 "과거 대량생산 체제 시절에 한국을 대표했던
기업은 중국의 성장으로 어려움을 겪고 있다. 지식산업 등 한국의
교육열이 잘 나타날 수 있는 분야를 고민해 봐야 한다"고 말했다.

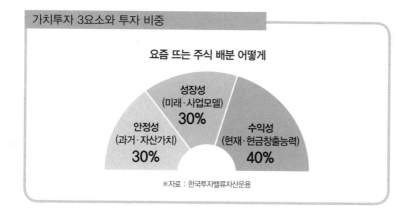

가치투자 3요소와 투자 비중

요즘 뜨는 주식 배분 어떻게

성장성
(미래·사업모델)
30%

안정성
(과거·자산가치)
30%

수익성
(현재·현금창출능력)
40%

※자료 : 한국투자밸류자산운용

즉 현재의 삼성전자와 같이
성장한 기업보다는 향후 이런
성장 가능성이 있는 기업을
선택해야 한다는 것이다.

강연 중인 최준철 VIP투자자문 대표

또한 그는 "PER 자체가 중
요한 게 아니며 앞으로 10~20년 후에 좋은 기업이 된다면 현재
높다고 여겨지는 PER도 용인된다. 회사의 가치를 어떻게 측정하
느냐가 중요하다"고 강조했다.

최 대표는 좋은 기업을 싸게 사는 것이 중요하다며 진입장벽이
높고 현금 창출 능력이 우수한 기업을 선정하라고 조언했다. 그는
"좋은 기업이 여러 가지 호재가 겹쳐 주가가 많이 올랐다면 지금은
살 때가 아니라고 생각한다. 홈쇼핑업체의 경우 가짜 백수오 파동
등으로 어려움을 겪고 있지만 진입장벽이 있는 데다 이를 극복할
수 있다고 판단한다"고 말했다.

이어 그는 "투자해야 할 대상은 현시점에서 핫한 업종이나 기
업이 아니라 투자자 관심에서 멀어졌으나 본원적인 일을 회복할
수 있는 곳이다. 2010년대 초반만 해도 화장품업종의 경우 2015
년 지금과 같이 좋은 업종이라고 생각하지 않았다"고 설명했다.

가치투자 고수가 전하는 투자 노하우

가치투자 고수들은 저마다의 투자 노하우가 있다. 이 부사장과 최 대표는 회사의 본업에 충실한 기업인지를 직접 확인하라고 조언했다.

이 부사장은 "기업탐방 때 화려한 외양을 갖추고 대주주가 비싼 외제차를 모는 기업은 비용 통제가 안 된다고 볼 수 있다. 1990년대 후반 롯데칠성에 투자했을 당시 본사가 아파트 상가 1층에 세들어 있었다"고 말했다. 즉 당시 롯데칠성이 가진 부동산 가치만 3,000~4,000억 원에 달했는데 회사는 본사 사옥 등 사업 외적인 투자에는 비용을 낭비하지 않았다는 것이다.

최 대표는 "회사가 속한 업황이 좋지 않더라도 업의 본질에 충실하게 경영을 하는 회사를 찾아야 한다. 메리츠금융지주와 무학의 경우 금융과 유통 분야에서 우수 인재와 영업력이라는 본업의 원리에 충실해 경쟁력을 보유하고 있다"고 소개했다. 업종보다 중요한 것은 회사라는 점을 강조한 것이다.

리 대표는 정보 홍수 시대에 오히려 잘 알려지지 않은 기업을 주목하라고 조언했다. 그는 "이미 잘 알려진 기업 투자로는 돈을 벌기가 쉽지 않다. 경영진 자질이 우수하며 성공하려는 의지가 있는 작은 기업에 관심을 가져야 한다. 1,800여 개 상장사 중에 상당수의 기업이 잘 알려져 있지 않다. 현재 시가총액은 작지만 크게 될 기업은 분명 있다"고 말했다.

가치투자 대표 펀드매니저 3인 투자 전략

구분	이채원 한국투자밸류자산운용 부사장	존 리 메리츠자산운용 대표	최준철 VIP투자자문 대표
증시 전망	주식 기대수익률 높아 2015년 말 코스피 2,400 돌파 가능	예측 불가, 코스피 상승률은 높지 않을 수 있음	유동 성장세이나 대세 상승장은 아님
관심주	지주사, 유틸리티, 소비재, 금융주	잘 알려지지 않은 중소형주	홈쇼핑, 유통, 은행주
투자 포인트	자산 가치(주가순자산비율), 수익성 가치(주가수익비율)	경영진 능력	본업 경쟁력

가치투자도 해외에서 기회 노려야

가치투자 고수 역시 국내에 집중된 시야를 중국 등 해외로 돌리라고 주문했다. 리 대표는 "아직 사람들이 관심을 갖지 않고 있지만 장기적으로 성장이 예상되는 태국, 미얀마, 라오스 같은 아시아 지역에 대한 투자도 시도할 수 있다"고 말했다.

최 대표는 "미국, 유럽, 일본 등 선진 시장과 비교했을 때 중국을 포함한 아시아 시장이 투자의 주요 대상이 될 수밖에 없다. 시장 역동성이 높아 새로운 기업이 공급되고 있으며 시장의 오해가 있어 저평가될 때가 투자 시점"이라고 설명했다.

다만 2015년 들어 급등한 중국 주식 투자를 경계할 필요가 있다는 지적도 있었다. 최 대표는 "2015년 5월 현시점에서 급등한 중국 본토 시장에 투자하는 것은 휘발유통을 들고 불구덩이에 뛰어드는 격이다. 중국 시장에 관심이 있다면 상대적으로 버블이 덜 껴있는 홍콩이나 미국 시장에 상장된 중국 인터넷·모바일업체에 장기적인 안목에서 투자하는 게 좋겠다"고 말했다.

초저금리의 돌파구
'펀드' 새로 보기

펀드 어떻게 골라야 하나

정기 예·적금 금리가 떨어지면서 더 이상 예금 상품에 저축해서는 목돈을 굴리기는커녕 모으기도 어려워졌다. 예·적금 대안 상품으로 펀드에 대한 관심이 커지고 있지만 막상 갈아타기가 쉽지는 않다. 예·적금과 달리 원금을 보장해주지 않기 때문이다. 하지만 원금 손실 리스크를 감내한다면 기대수익률도 높일 수 있는 게 펀드 투자의 재미다. 수많은 종류의 펀드 중에서 무엇을 골라서 어떻게 굴릴지가 투자자들의 가장 큰 고민이다.

채경옥 매경 논설위원의 사회로 열린 펀드투자 특별세션의 모습

2015 서울머니쇼의 〈채경옥 매경 논설위원 머니코칭〉 특별세션은 투자자 800여 명의 주식·펀드 등 금융 투자 상품에 대한 고민을 일시에 해결한 자리였다. 거침없는 화법으로 유명한 채경옥 매일경제 논설위원의 돌직구성 질문에 최윤창 삼성증권 삼성타운지점 PB팀장, 유현숙 NH투자증권 프리미어블루 강북센터 이사, 정은영 KDB대우증권 PB클래스 갤러리아 부장 등 재테크 고수 3인이 본인 경험을 바탕으로 진솔한 이야기를 전달했다.

1. 올해 주식 시장 어떻게 되나?

전문가들은 현재 2,100대에 올라선 코스피 시장에 대해 '현재 흐름이 유지될 것'이라고 밝혔다. 최 팀장은 "2014년과 2015년

최윤창 삼성증권 삼성타운지점 PB팀장

1분기까지 봐왔던 글로벌 금융 시장 흐름과 지난 4~5월은 정반대 방향으로 가고 있다. 예를 들어 유가가 WTI 기준으로 60달러까지 올라왔고 한국, 중국, 미국은 주가가 다시 빠졌으며 금리도 내려간 상태가 최근 한 달 반가량 진행되고 있다"고 말했다.

그는 이어 "2015년 5월 상황이 그동안 못 올랐던 저평가 자산들이 올라가고 너무 오른 고평가 자산들이 빠지는 조정장세인가 의문이 들었다"고 말했다. 하지만 최 팀장은 현재 장세는 조정장세이며 앞으로 주식 시장 상승세는 이어질 것이라고 전망했다.

그는 "경기에 영향을 미치는 요소들에 변화가 없다. 미국이 금리를 올리기에는 시간이 걸릴 것이며 유럽·일본도 여전히 돈을 풀고 있다. 유가가 70~80달러까지 올라갈 것 같지 않으며 그리스는 유로존 퇴출로 이어질 것 같지 않다"고 밝혔다. 최 팀장에 따르면 원인에 근본적인 변화가 없기 때문에 주가는 기존 흐름대로 갈 가능성이 높다. 올라갈 주식은 계속 올라갈 것이라는 얘기다. 채권도 반등은 남았지만 장기적으로 떨어질 것이라고 예측했다.

정 부장도 맥을 같이했다. "2015년과 2016년은 현재 같은 시장이 지속될 것이다. 유동성 문제가 가장 중요한데 미국이 유동성을 공급하고 있고 유럽·일본도 마찬가지다. 중국도 금리를 인하했고 우리도 실질적으로 금리를 인하하는 등 유동성이 풍부한 상황"이라고 말했다.

사실 2015년 초만 해도 우리나라 주식 시장은 좋지 않았다. 한국은행의 금리 인하는 주식 호조세의 방아쇠 역할을 했다고 정 부장은 평가했다. 이 때문에 금리 인하 기조가 이어지고 유가가 급등하지 않는 이상 주식 시장 호조세는 당분간 이어갈 것이라는 게 정 부장의 의견이다.

중국 경기 부양책에 한국 기업 실적도 좋아

유 이사 역시 전체 시장에서 주식 시장이 호조를 보일 것이라고 예상했다. 그는 "중국 경제성장률이 역대 최저치로 현재 7% 성장률은 마지막 자존심이라고 볼 수 있어 돈을 더 풀 것으로 본다. 최근에는 중앙은행과 은행과의 거래를 의미하는 지급준비율도 100bp 내릴 정도로 중국은 경기 부진을 막겠다는 의지를 내보이고 있다"고 말했다. 결국 중국발 유동성 공급과 경기 성장이 계속 이어지면서 한국의 주식도 나아질 것이라는 얘기다.

유현숙 NH투자증권 프리미어블루
강북센터 이사

유 이사는 또 "미국 금리 인상은 이미 방향성은 정해졌지만 시기가 언제로 잡힐 것인지가 문제다. 2015년 9월, 혹은 2016년에 될 것으로 본다"고 말했다. 그는 지난 2011년 주가 급등과 현재 시점을 비교하며 "유럽이 2015년 3월, 매달 75조 원을 2016년 9월까지 풀겠다고 약속했다. 미국·일본에 이어서 유럽까지 푼 돈이 이머징 시장으로 들어가는 등 글로벌 유동성 자체가 2011년 당시 장세와 다르므로 주가 호조는 계속 더 간다는 데 무게를 두고 있다"고 설명했다.

또한 기업 실적 호조도 주가가 계속 오르는 원인이라고 주장했다. 유 이사는 "우리 기업들이 수익을 내고 있는데 펀더멘털이 좋아지고 있다는 의미다. 올해 1분기 기업 이익이 25조 원이고 2015년 전체 수익은 105조 원을 예상하고 있다"고 말했다. 지난 2011년에 찍었던 2,200포인트 이상 올라갈 것이란 얘기다.

여기에 올해 정부의 배당 장려 정책으로 주식만 갖고 있어도 이득이다. 기업소득환류세제로 기업이 이익을 배당하지 않거나 임금을 인상하지 않으면 이익에 세금을 10% 매긴다. 이 때문에 주주에게 배당을 더 해야 하는 상황이다.

유 이사는 "2014년 배당성향을 보면 우리는 22%밖에 안 되고 수익률은 1.4%에 불과하다. 하지만 정부 방침대로 2020년까지 배당성향을 40%로 올리면 수익률은 2%까지 올라간다"고 말했다. 은행주 같은 안정적인 주식에 투자해서 배당수익을 갖는 게 정기 예금보다 높은 수익을 낼 수 있다는 결론인 셈이다. 유 이사는 또 "전 세계적인 저금리 상황에서 국내 증시의 주가수익비율(PER)은 11배로 선진국(16배)에 미치지 못하고 기업 실적이 뒷받침되고 있어 주식 시장에 우호적인 상황"이라고 평가했다.

2. 어떤 펀드에 투자해야 할까?

우선 재테크 고수 3인은 해외 펀드 중에서는 유럽과 중국 펀드를 추천했다. 업종별로는 바이오·헬스케어 분야를 권했다. 특히 배당주 펀드에 관심을 가질 것을 조언했다.

유 이사는 "기업 실적이 개선되면서 정부 정책으로 배당에 대한 관심이 높아져 KTB배당플러스찬스 등 배당 펀드를 추천한다"고 말했다.

정 부장은 본인의 부모님과 자녀 이름으로 가입한 펀드를 소개해 주목받았다. 그는 "연 5% 정도 수익을 바라시는 부모님 눈높이

정은영 KDB대우증권 PB클래스
갤러리아 부장

에 맞춰 한국밸류10년배당에 가입했고, 유경PSG좋은생각자산배분 펀드, 메리츠코리아 펀드 등에 가입했다. 자녀를 위해서는 좀 더 공격적으로 KB중국본토, 동부바이오헬스케어 펀드에 적립식 형태로 투자하고 있다"고 밝혔다.

최 팀장은 "해외의 경우 유럽이 가장 유망해 보이고 중국의 경우 적립식으로 가입하는 게 좋아 보인다. 바이오 분야는 세계적 제약사의 벽이 여전히 높기 때문에 글로벌 관점에서 투자하고, 특히 적립식으로 투자해야 한다"고 말했다.

재테크 고수 3인이 추천하는 펀드

구분	유현숙 이사	정은영 부장	최윤창 팀장
국내 펀드	KTB배당플러스찬스 NH-CA Allset 스마트인베스터	한국밸류10년배당 유경PSG좋은생각자산배분 메리츠코리아 동부바이오헬스케어	메리츠코리아
해외 펀드	슈로더유로 에셋플러스차이나	KB중국본토	슈로더유로 한화글로벌헬스케어

성장주에 주목하라

이들은 국내 주식 투자에 대해서도 투자 전략의 변화가 필요하다고 강조했다. 유 이사는 " '차화정(車化精, 자동차·화학·정유)' 주식은 이제 내려놓아야 할 때가 됐다. 화장품·여행주들이 주가가 많이 올랐지만 숨 고르기 과정을 거칠 때 분산 투자하는 게 좋다"고 말했다.

정 부장은 "주식 투자가 처음이라면 은행주를 권한다. 평가차익이 크지 않더라도 배당수익이 1%대 금리보다는 높고 하반기에 기업공개(IPO) 시장이 달아오를 것으로 예상하는 만큼 기업인수목적회사(SPAC, 스팩)와 관련 장외 주식에도 관심을 기울일 필요가 있다"고 조언했다. 최 팀장은 "과거 주도주였던 전기전자(IT)와 운송장비 업종에서 성장은 더 이상 없을 것 같다. 지수를 추종하는 펀드는 수익률이 낮을 수 있다"고 말했다.

그는 "앞으로 증시 주도주는 성장이 있는 쪽일 것이다. 바이오는 규모가 작아서 주도주라고 표현하긴 어렵지만, 결론적으로 지수를 추종하는 펀드나 상품은 수익률이 낮을 수 있다"고 설명했다. 또한 "인덱스에서 자유로운 상품들이 수익률이 높을 것으로 예상한다. 시가총액 50% 이상 차지하는 산업들은 성숙기에 이미 접어들어 다른 산업이 성장해야 하는 상황"이라고 밝혔다.

투자 철학을 바꿔보자

재테크 고수 3인은 그동안 수많은 상담에서 나온 노하우를 공유했다. 유 이사는 "투자 철학은 무엇보다 매도할 때 필요하다. 특정 펀드보다는 시장 전체를 보고 어디로 흐름이 흘러가는지를 살펴봐야 하는데 이는 일상생활 속에서 사람들이 어디에 관심을 갖고 몰리는지를 보면 알 수 있다"고 조언했다. 그는 또 "자산 증식을 위해서는 사실 종목에 투자하는 게 맞다. 다만 펀드는 투자 성향, 트렌드, 목표수익률에 따라 비중 조절을 해가며 분산 투자하면 리스크를 줄일 수 있다"고 덧붙였다.

최 팀장은 "펀드를 환매하지 않았다는 것은 그 금액으로 그날 재투자한 것으로 볼 수 있다. 수익 여부와 관계없이 평가 금액을 기준으로 다시 살지를 판단해야 한다"고 말했다. 이어 그는 "2,000만 원 이상 주식을 산다면 과연 내가 그 정도 가격의 차를 구매할 정도로 해당 주식을 공부했는지 따져볼 필요가 있다"고 덧붙였다.

최 팀장은 또 "간접투자 방식인 펀드는 운용매니저나 투자처가 바뀌는 경우가 많은데 소비자는 이를 충분히 숙지하고 펀드 갈아타기를 할 필요가 있다. 만약 숙지할 여유가 부족하다면 펀드랩 같은 펀드 간접투자 상품에 목돈을 넣는 것도 추천한다"고 강조했다.

정 부장은 "펀드 한 번 해본 적 없던 어머니께서 요즘 펀드에 대해서 물어올 정도다. 일반 은행 고객들까지 주식 투자에 관심을 가질 만큼 금리 1%를 더 얻는 것에 대한 인식이 커진 것 같다"고 평가했다. 그는 "펀드는 (증시가) 빠질 때는 빠지지만 오를 때는 그다지 오르지 않아 소비자들의 불만이 많은데 코스피지수를 벤치마크로 하도록 만들어진 게 문제다. 대표 펀드매니저 1명이 오랫동안 운용하는 중소형사 펀드의 경우 수익률이 높아 추천할 만하다"고 설명했다.

수수료는 투자의 비용

수수료는 민감한 부분일 수 있다. 개인 투자자가 수수료를 저렴하게 하고 싶다면 온라인으로 가입하는 것이 가장 좋다. 본인이 가입하는 기간에 따라서도 A형(선출 수수료가 큰 경우)이 있고 C형(평잔 수수료가 높은 경우)이 있다. 오랫동안 투자하려면 A형이 좀 더 유리하다. 한국의 주가지수가 올라갈 것 같다고 판단되면 코스피를 기초자산으로 한 ETF에 적립식으로 투자하는 것도 좋다.

펀드 수수료가 비싸다는 생각도 조금 달리할 필요가 있다. 주식을 사고팔 때 수수료는 거래세를 배제하고 0.9%를 내는데 1년에 수차례에 걸쳐 매수·매도를 반복하기 때문에 수수료가 높아진다.

하지만 펀드는 간접투자기 때문에 발로 뛰어다니는 비용이나 탐색 비용도 운용사에 전가하므로 수수료를 어느 정도 내는 것도 나쁘지 않다. 수수료는 올랐다고 해서 떼고 내렸다고 해서 안 받는 것이 아니기 때문에 스마트한 투자를 위해서는 수수료 비용을 아까워하지 말고 간접투자에 나설 필요가 있다는 의견이다.

스타 펀드매니저의
트렌드 종목 찾기

생활 주변에서 투자 아이디어 얻어라

코스피지수가 수년간 갇힌 박스권 탈출을 시도하고 있지만 '차화정(車化精, 자동차·화학·정유)' 등으로 불리던 기존 증시 주도주들이 힘을 못 내며 새로운 투자 전략에 대한 고민이 깊어지고 있다. 원종준 라임투자자문 대표는 시대의 변화에 맞춘 종목 선정이 필요하다고 강조한다. 원 대표가 꼽은 증시 종목 투자 노하우는 '생활 주변에서 아이디어를 얻어라'란 말로 요약할 수 있다.

원 대표는 4~5년 전부터 중·고등학생 사이에서 열풍처럼 번

졌던 아웃도어 브랜드를 대표적인 예로 들었다. 그는 "수십만 원 상당의 가격으로 부모님 등골을 휘게 만든다는 의미의 '등골 브레이커'가 유행하고 주변에서 등산복 입은 사람을 자주 접하게 되자 아웃도어 시장이 상승했다. 반면 대기업 계열의 LF(구 LG패션)는 유명 연예인을 모델로 내세웠음에도 SPA(패스트패션) 브랜드에 밀려 옷이 잘 팔리지 않고 있다"고 설명했다.

실제로 아웃도어업체 영원무역은 2009년 말 종합패션업체 LF 시가총액(9,225억 원)의 절반(4,775억 원)에 머무른 회사였지만 2015년 4월 말 시총 기준(2조 8,315억 원)으로 LF(1조 146억 원)

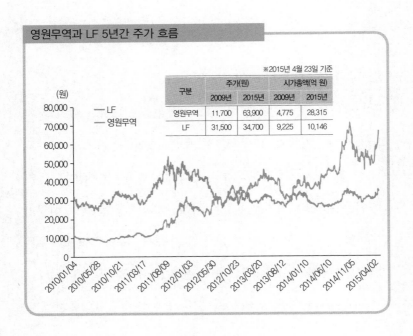

영원무역과 LF 5년간 주가 흐름

※2015년 4월 23일 기준

구분	주가(원)		시가총액(억 원)	
	2009년	2015년	2009년	2015년
영원무역	11,700	63,900	4,775	28,315
LF	31,500	34,700	9,225	10,146

원종준 라임투자자문 대표

를 3배가량 앞섰다. 4~5년 전의 소비 트렌드 변화가 주식 시장에
도 그대로 반영돼 기업의 현재 가치를 가른 것은 물론이고 해당 주
식 투자자들의 희비도 엇갈렸다는 설명이다. 그는 "일반적으로는
LF를 영원무역보다 더 큰 회사라고 생각하겠지만 주식 시장에서
는 영원무역의 가치가 LF보다 3배나 더 크다"고 덧붙였다.

원 대표는 스마트기기의 대중화와 부동산 시장 활황 등에서도
투자 아이디어를 얻을 수 있다고 강조한다. 그는 "스마트폰이 대
중화되면서 스마트폰보다는 스마트폰 커버와 충전기, 보조배터
리, 이어폰 등 액세서리 시장이 커지고 있다. 또한 최근 아파트 분
양 물량이 최대에 달하는데 건자재 등 수혜기업에 주목할 필요가
있다"고 말했다.

1. 새 트렌드, 밀레니얼 세대가 이끈다

새로운 트렌드는 인구학적 변화와 함께한다. 원 대표는 '밀레니얼 세대'(Millenials generation)가 소비 트렌드의 변화를 이끈다고 설명한다. 현재 시장에서 트렌드에 가장 민감한 소비층인 이들은 1980년대 이후 태어나 현재 15~35세인 세대를 말한다.

미국의 경우 밀레니얼 세대는 약 9,200만 명으로 X세대(6,100만 명)나 베이비부머(7,700만 명)를 크게 넘어선다. 밀레니얼 세대의 경제적인 위치와 취향이 향후 소비시장 변화를 좌우하는 만큼 이들의 움직임에 주목해야 한다는 것이다. 원 대표는 "이들은 집에 대한 소유의식은 여전히 높으나 자동차·TV·명품가방 등에 대한 소유의지는 확연히 낮아졌다. 공유라는 개념에 익숙해 소유보다 사용에 더욱 방점을 두기 시작했다"고 말했다.

또 그는 "종전의 세대와는 달리 밀레니얼 세대는 브랜드 충성도가 과거에 비해 낮고 가격에 민감해 온라인 구매 비율이 높다. 건강을 바라보는 시각도 과거 세대와 다르다"고 덧붙였다. 베이비부머나 X세대의 경우 건강의 의미를 주로 아프지 않은 것으로 해석하는 것과 달리 균형 잡힌 영양소를 먹고 꾸준히 운동하는 것을 건강하다고 생각하는 비중이 더 높다는 것이다. 따라서 이들의 건강 관련 지출은 병원과 약국 위주가 아닌 영양과 관계있는 음식료, 운동 관련 잡화 위주로 늘어날 것이란 설명이다.

원 대표는 "한국의 밀레니얼 세대는 IMF 위기 이후 2000년대 초반 대학 입학생으로 고용 안정성이 낮아진 상태에서 사회 초년생으로 진입했다. 미국의 밀레니얼 세대보다 규모는 작지만 한국의 밀레니얼 세대 역시 전반적인 경제적인 위치는 미국과 크게 다르지 않고 시장의 변화를 결정지을 것"이라고 말했다.

밀레니얼 세대의 작은 사치

소비 트렌드를 이끄는 밀레니얼 세대의 소비 형태는 구체적으로 어떨까? 이에 대해 원 대표는 '작은 사치'라고 규정했다. 그는 "합리적 소비에 대한 인식이 꼭 필요한 물건을 싸게 사는 것에서 꼭 필요하지 않지만 갖고 싶은 물건을 조금 비싸도 사는 것으로 바뀌었다. 4,000~5,000원짜리 김밥이나 5만 원 상당의 디저트, 20~50만 원대 프리미엄 헤드폰 등이 그 예"라고 설명했다.

이와 같은 작은 사치는 여가 시간 확대로 인해 향후에도 계속될 가능성이 높다. 통계청과 경제협력개발기구(OECD)에 따르면 국내총생산(GDP) 대비 오락·문화 지출 비용은 4% 수준으로 금융위기 이전 미국과 일본의 6.3% 수준에 미치지 못하고 있다.

또한 해외 여행객 비중도 아직 선진국 수준에 도달하지 않아 향후 늘어날 가능성이 있다. 원 대표는 "작은 사치는 나를 위한 보상으로 나에서 시작한다. 유통업체는 온라인 채널을 확대하고 있고 낮은 유가와 요우커(중국인 관광객) 효과가 지속되며 인바운드와 아웃바운드업체의 성장이 이어질 것으로 전망한다"고 말했다.

2. 모바일 패션·디지털 음원·주거 인테리어에 주목하라

밀레니얼 세대의 작은 사치로 주목할 업종에 대해 원 대표는 모바일 패션과 디지털 음원, 주거 인테리어를 꼽았다.

모바일 패션

스마트폰 액세서리로 대표되는 모바일 패션은 세계적으로도 성장성이 큰 데다 상대적으로 국내의 경우 다른 나라에 비해 스마트폰 교체 주기가 짧아 더욱 각광받을 수 있다는 설명이다.

삼성경제연구소와 KT경제경영연구소에 따르면 모바일 비즈니스는 연평균 9.9% 성장에 그쳤지만 모바일 패션 비즈니스는 연 24.8%나 성장했다. 2011년 35조 원인 전 세계 모바일 비즈니스 시장 규모는 2015년 85조 원 수준으로 늘어날 것으로 전망한다.

또한 2013년 기준 한국의 스마트폰 교체 주기는 16개월로 미국(18개월), 영국(19개월)에 비해 빠르게 단축되고 있다. 프리미엄급 스마트폰 판매가 늘면서 고급화와 다양화에 성공한 스마트폰 케이스 외에도 노트북·아이패드용 백팩 등의 패션 제품 역시 성장할 것이란 분석이다.

디지털 음원

원 대표는 디지털 음원 사업도 생활 패턴의 변화에 따라 중장기적으로 성장이 가능해 투자가 유망한 분야라고 강조했다. CD 등 전통적 방식의 음악 저장매체 구매 빈도가 줄며 글로벌 음반 매출이 감소하는 것 같지만, 디지털 음원 사업이 이를 채우고 있고 특히 실시간 재생 기법인 스트리밍 시장이 스마트폰의 대중화와 함께 커지고 있다는 것이다.

원 대표는 "저작권 때문에 음원 가격 인상이 진행 중인데 월 5,000원 하는 가격을 6,000원 또는 7,000원으로 올린다고 해서 음악을 듣지 않겠나. 음원 가격 인상에 대한 가격 저항도 크지 않다"고 말했다.

주거 인테리어

원 대표는 신규 주택 공급 감소와 실수요자 중심으로 재편된 주택 시장의 트렌드 변화로 주거 인테리어 부문이 유망하다고 전망했다. 신규 주택이 줄어들면 노후 주택을 이용하려는 수요가 커져 '리모델링'을 하려는 가구가 늘어나고 2015년에 분양 물량이 확대돼 건축자재 수요 증가도 향후 몇 년간 이어질 것이란 설명이다. 이에 따라 철근, 시멘트, 단열재, 인테리어 등 건축자재업체의 수혜를 예상한다.

20년 이상의 노후 주택이 빠르게 늘어나며 인테리어 수요도 증가하리라는 것이 원 대표의 전망이다. 그는 "일본의 사례에서 알 수 있듯이 신규 주택이 줄어들면 리모델링 시장은 크게 성장할 것이다. 국내 건자재 기업은 평균 45년 이상 사업을 지속해 업력이 길고 진입장벽이 있어 해당 분야 과점업체가 수혜 대상이 될 것"이라고 말했다.

일본 국토교통부와 미래에셋증권에 따르면 일본은 주택 공급량을 160만 가구에서 140만 가구로 줄인 1991년 이후 리모델링 시장이 빠르게 성장한 것으로 나타났다. 이후 장기 불황 속에 합리적 소비 성향이 주목받으며 중저가 가구업체가 성장했다. 중고가 제품에 주력한 오오츠카가구의 시장점유율은 하락한 반면 원가 절감 노력에 집중해 중저가 제품을 주로 판매한 니토리가구는 1위 업체로 올라섰다.

종목 투자가 어렵다면
ETF 활용하라

관심 끄는 ETF는 무엇이 있을까?

인사이트 펀드, 중국 펀드, 브릭스 펀드 등은 2006~2007년 국내 투자 시장에서 수조 원의 자금을 모으며 펀드 열풍을 이끌었던 주역이다. 2010~2011년에는 자문형 랩어카운트 바람이 불었다. 특정 자문사를 중심으로 역시 수조 원의 시중자금이 몰렸다.

한때 투자의 대세라고 여겨졌던 이들 투자 상품의 현재 모습은 어떨까? 출시한 지 얼마 되지 않아 수익률이 급감하자 투자자들이 자금을 대거 빼 현재 이들 상품의 투자 규모는 당시의 10%에

배재규 삼성자산운용 패시브 총괄본부장

불과하거나 잔액이 거의 남아있지 않다.

배재규 삼성자산운용 패시브 총괄본부장은 "한때 돈이 몰렸던 금융 상품의 특징은 회사의 마케팅, 과거 수익률, 향후 수익률에 대한 기대감 등으로 신화(Myth)가 되는 듯했지만 결국 투자의 실패(Miss)로 결론 났다. 세계 금융의 중심지인 미국 맨해튼의 월스트리트 역시 과거에 이같이 투자자를 현혹하기 위해 가장 많은 돈을 지출했었다"고 말했다.

배 총괄본부장은 국내 투자 문화에 대해 단기 투자 성향이 짙다고 평가했다. 또한 특정 펀드매니저 등 명성에 의존하는 경우가 많다고 지적했다. 그는 "공모 주식형 펀드를 기준으로 국내 자금 유출입 변동 폭은 미국에 비해 최소 6배에서 최대 16배나 크다. '누가 자금을 굴리면 수익률이 좋더라'는 식의 명성에 의존하고 높은 위험을 무릅쓰고 높은 이익률을 좇곤 한다"고 말했다.

1. 투자 문화가 바뀐다

배 총괄본부장은 국내 투자 문화가 미국 등 선진 시장과 같이 장기, 분산, 적립식 투자로 변화해야 한다고 강조한다. 그 방법은 상장지수펀드(ETF) 투자 등 패시브(Passive) 투자 형태이다. ETF란 코스피200과 같은 지수나 원유 등 특정 자산의 변동에 따라 수익률이 연동되도록 설계된 펀드로 증시에 상장돼있다. 패시브 투자란 액티브(Active) 투자의 반대말로 적극적인 수익 추구 대신 시장 평균 수익률을 지향하는 수동적 투자를 말한다.

그는 선진 시장인 미국의 경우 이 같은 투자의 변화가 이미 일어나고 있으며 대세로 자리매김하고 있다고 설명한다. 배 총괄본부장은 "2014년 한 해 동안 미국 내 인덱스와 ETF 등 패시브 펀드로 유입된 투자금이 4,201억 달러로 액티브 펀드로 유입된 투자금 443억 달러의 10배가량 된다. 액티브 주식형 펀드에서 ETF로 빠르게 자금이 이동하고 있다"고 말했다.

왜 패시브 투자가 좋은가?

패시브 투자로 자금이 이동하는 이유는 뭘까? 배 총괄본부장은 무엇보다 비용이 저렴하다고 강조했다. 펀드 가입 시 수수료를 내야 하는데 장기 투자일 경우 부담이 될 수밖에 없고 결국 이것이 수익률에도 영향을 줄 수 있다는 설명이다. 국내의 경우 일반 펀드의 보수가 평균 2%인 데 반해 ETF의 평균 보수는 0.5% 수준이다. 또한 주가지수와 섹터, 국가별로 다양한 자산에 분산 투자할 수 있다. 삼성자산운용에 따르면 2015년 5월 기준으로 전 세계 ETF는 5,497개, 순자산 규모는 2,932억 달러에 달한다.

배 총괄본부장은 시중금리 1%인 저금리 시대에 보다 자산 운용의 중요성이 커졌고 ETF가 유용한 수단이 될 것이라고 설명했다. 그는 "예금에 투자했을 때 원금의 2배가 되는 데 소요되는 시간이 2008년 금융위기 이전에는 14년 8개월이었던 데 비해 현시점에는 39년 3개월이 필요하다. 저금리 시대에 예금 등 안전자산 위주의 투자에서 벗어나 젊을수록 장기 투자 자금을 위험자산에 투자해 성장의 기회를 놓치지 않아야 한다"고 말했다.

2. ETF 투자

ETF란 거래소에 상장된 인덱스 펀드로 주식처럼 매매할 수 있다. 일반 펀드와 달리 당일의 ETF 구성 종목 내역을 확인할 수 있다. 배 총괄본부장은 국내 ETF 시장 역시 투자의 간편함과 저비용을 무기로 꾸준히 성장해왔다고 설명했다. 그는 "코스피200을 추종하는 코덱스200이 2002년 출시된 이후에 ETF 시장이 연평균 40%씩 성장해왔다. 2015년 4월 중순 기준으로 순자산 규모는 20조 원에 달한다"고 말했다.

배 총괄본부장은 ETF 투자가 개별 주식에 대한 투자와 비교

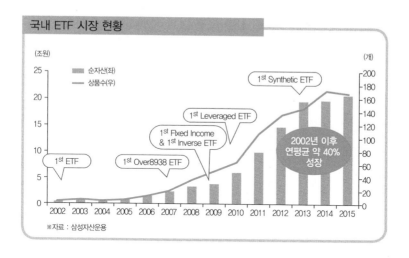

국내 ETF 시장 현황

(조원)

■ 순자산(좌)
— 상품수(우)

1st ETF

1st Over8938 ETF

1st Fixed Income & 1st Inverse ETF

1st Leveraged ETF

1st Synthetic ETF

2002년 이후 연평균 약 40% 성장

(개)

2002 2003 2004 2005 2006 2007 2008 2009 2010 2011 2012 2013 2014 2015

※자료 : 삼성자산운용

해 수익률이 낮다는 생각은 오해라고 말했다. 그는 "2015년 들어서 20% 이상 수익이 난 국내 ETF가 28개에 달한다. 국내외 증시가 크게 오르는 가운데 ETF 시장도 만만치 않게 뜨겁다"고 말했다. 2015년 연초 이후 5월 기준으로 코덱스증권 56%, 코덱스건설 37%, 코덱스차이나H레버리지 51% 등의 수익을 냈다.

역외 ETF란?

해외 투자가 활발해지며 역외 ETF(해외 증시 상장 ETF)도 역시 주목받고 있다. 역외 ETF란 글로벌 자산운용사가 자사의 ETF 브랜드로 미국 등 해외 증시에 상장한 ETF를 말한다.

예탁결제원에 따르면 2014년 국내 투자자들의 해외 투자 거래대금 상위 20개 종목 중 절반인 10개가 역외 ETF인 것으로 나타났다. 또한 상위 20개 종목 중 ETF 거래대금이 1조 5,000억 원으로 해외 주식 거래의 절반에 육박했다.

투자자들이 역외 ETF에 눈을 돌린 이유는 그 규모와 다양성 면에서 큰 차이가 나기 때문이다. 하나대투증권에 따르면 전 세계 ETF 시장 규모는 2014년 말 기준 2조 7,000억 달러인데 이 중 한국 ETF 시장 규모는 200억 달러에 불과하다. 한국 유가증권 시장 상장 종목의 시가총액 합계액(1조 500억 달러)보다도 2배 이상 많다. 상장 종목 수 기준으로 전 세계 ETF 시장을 대표하는 미국 ETF 시장에 상장된 종목 수가 1,663개인 데 반해 국내 상장 종목 수는 184개로 11%에 그친다.

국내 ETF가 주로 코스피지수와 관련된 종목으로 거래되는 것과 비교해 역외 ETF는 주식·채권·원자재·통화 등 자산군은 물론이고 전 세계 미국·유럽·러시아 등 지역별로 나뉜다. 또 헬스케어·금융 등 세부적으로 나눠져 종류가 무궁무진하다.

또한 국내 ETF의 해외 투자에서 매매차익으로 수익이 날 경우 금융소득종합과세 과세표준에 해당하지만 역외 ETF는 분리과세 금융소득으로 분류돼 금융소득종합과세에서 제외된다. 연간 전체 거래에서 발생한 매매손익으로 합산해 따지기 때문에 종목별로 투자수익이 플러스 또는 마이너스로 엇갈릴 경우에는 이점도 있다. 다만 연 250만 원까지 공제가 되지만 양도소득세 22%가 부과되는 점은 유의할 필요가 있다.

금융투자업계 전문가들은 역외 ETF 투자 시 투자자산에 대한 이해는 물론이고 환율과 현·선물 가격 차이 등을 주의해야 한다고 강조한다. 해당국 통화로 투자하기 때문에 투자자산의 변동 이외에도 환율 변동에 따라 수익률이 결정되기 때문이다.

ETF 투자는 어떻게 해야 할까?

배 총괄본부장은 ETF 역시 투자 성향과 생애 설계에 맞는 투자법이 필요하다고 강조했다. 안정적인 소득이 필요한 은퇴 세대의 경우 꾸준한 수익을 얻을 수 있는 배당성장 ETF나 채권 ETF가 적합하고, 고수익을 추구하는 젊은 투자자일 경우 투자 매매를 늘리는 전략으로 레버리지 ETF나 인버스 ETF 투자가 가능하다는 설명이다.

생애주기, 즉 라이프 사이클(Life cycle)에 따라 ETF 투자 전략도 변하게 된다. 경제활동이 활발한 20~30대의 경우 보다 공격적인 투자를 위해 주식형 ETF 70%, 채권형 ETF 30% 수준으로 비중을 정하고 고정지출 규모가 커지는 40대의 경우 상대적으로

투자 성향에 따른 ETF 투자 전략

수요층	목표	투자법	활용 가능한 ETF
은퇴 세대	안정적 은퇴 소득	안정적 수입 확보를 위한 투자(고배당, 수익 최대화 전략)	배당성장 ETF, 채권 ETF 등
사적연금, 변액보험	장기투자, 노후보장	라이프 사이클 솔루션 (생애주기 기반 자산 배분)	모든 ETF가 투자 대상으로 가능. 연령대에 따라 위험자산과 안전자산의 비중을 조절
고수익 추구형 투자자	고수익 투자전략·정보	고빈도 매매전략 (High-frequenoy)	레버리지, 인버스 ETF 등

주식형을 줄이는 식이다. 배 총괄본부장은 "은퇴 시점인 60대 이후에는 중장기적으로 투자 소득이 발생해야 하기 때문에 주식형 ETF 비중을 30% 이하로 낮추고 채권형 ETF 등 안정적 투자 비중을 70% 이상으로 늘릴 것을 조언한다. 생애주기상 투자 형태도 달라져야 한다"고 말했다.

　과거 자산군별 수익률이 달랐던 점을 감안할 때 ETF 투자 내에서 자산 배분 역시 중요하다. 배 총괄본부장은 "2013년에는 선진국 주식 수익률이 23%로 가장 높았으나 2014년에는 부동산 수익률이 23%로 가장 높았다. 투자자산을 배분해 위험 대비 수익률을 높여야 한다"고 말했다. 단기적으로 고수익을 추구하는 투자자라면 주식 시장이 등락을 반복하거나 뚜렷하게 시장의 방향성이 보이지 않을 때 레버리지 ETF나 인버스 ETF가 가능한 투자 대안이다.

진화하는
주가연계 상품의 세계

재테크에 대한 오해와 진실

1%대의 초저금리, 평균 수명 100세 시대에 투자자들은 어떤 생각을 할까? '안전한 예금에 가입하는 게 좋을까 아니면 그래도 부동산에 투자하는 게 좋을까? 2015년 들어 주가가 많이 오른 종목이 많다는데 이번에야말로 주식에 한번 투자해보는 것도 나쁘지 않을까? 이왕이면 다른 사람들이 많이 투자하는 시기에 많이 투자하는 상품이 좋지 않을까?'

백혜진 삼성증권 투자컨설팅 팀장은 이와 같이 재테크에 대해

투자자들이 일반적으로 생
각하는 것들이 잘못된 경
우가 많다고 강조한다. 백
팀장은 "국내 개인 투자자
들의 평균 주식 보유 기간
은 1년이 채 안 되고 높은
회전율로 비용을 과다하게
지불해 투자 성과 또한 좋
지 못하다. 과거 수익이 좋
았던 투자 상품의 미래 수

백혜진 삼성증권 투자컨설팅 팀장이 서울머니쇼에서
강연하는 모습

익이 향후에도 좋다고 볼 수 없기 때문에 과거 수익을 보고 투자하
는 것은 주의해야 한다"고 말했다.

백 팀장은 투자 상품의 기대수익과 위험이 비례한다는 원칙에
따라 원금 손실 위험을 일부 감안하면서 시장금리 대비 초과 수익
을 노리는 구조화 상품이 한 방안이 될 수 있다고 설명했다. 주가
연계증권(ELS), 파생상품연계증권(DLS)과 같은 파생상품을 활용
한 구조화 상품으로 중위험·중수익을 추구하는 것이 저금리 시대
의 대안이라는 것이다. 다만 구조화 상품은 위험을 줄이는 구조를
선택하는 똑똑한 ELS 투자가 중요하다고 강조했다.

닮은 듯 다른 구조화 상품 알아보기

ELS, ELD, DLS, DLB….

비슷한 듯 다른 이들 파생상품 활용 구조화 상품은 구조화를 기본으로 하는 자산(기초자산)이 무엇인지, 운용 주체가 누구인지에 따라 상품의 종류가 결정된다. ELS(주가연계증권)는 주식(Equity)과 연계해 증권사가 운용하는 파생결합증권이며 ELD(주가연계예금)는 주식과 연계해 은행에서 운용하는 정기예금이다. DLS(파생결합증권)는 금리나 환율, 원자재 등 파생상품(Derivative)을 기초자산으로 해 만든 증권이다.

백 팀장은 "예금자보호법에 따라 원금이 보장되는 것은 ELD뿐이다. ELB(주가연계채권)나 DLB(파생상품연계채권)는 만기 상환시 수익자가 상환 조건을 달성하지 못할 경우 발행 회사가 투자자에게 원금을 보장한다는 의미"라고 말했다. 증권사가 ELB와 DLB에 대해 원금 보장을 얘기하지만 예금자보호법에 따라 보호받는 것은 아니란 설명이다. 이어 그는 "펀드의 경우 원칙적으로 실적배당형 상품이기 때문에 원금 보장이란 단어를 사용할 수 없어 대신 원금 보존 추구라고 말하고 있다"고 덧붙였다.

구조화 상품 분류

구분	ELS·DLS	ELB·DLB	ELF·DLF	ELD
기초자산	주식 및 주가지수, 금리, 환율, 원자재 등	주식 및 주가지수, 금리, 환율, 원자재 등	주식 및 주가지수, 금리, 환율, 원자재 등	주식 및 주가지수
상품 종류	파생결합증권	채무증권 중 파생결합사채	집합투자증권 (펀드)	정기예금
운용 주체	증권회사	증권회사	자산운용사	은행
원금 보장 여부	원금 비보장	원금 보장[주1]	원금 비보장: 실적 배당형 원금 보장: 원금 보존추구형[주2]	원금 보장
예금자 보호	X	X	X	O

주1:만기 상환 시 수익 상환 조건을 달성하지 못한 경우 발행회사가 투자자에게 투자 원금을 보장한다는 의미이며, 예금자보호법 적용 대상은 아님
주2:펀드의 경우 원칙적으로 실적 배당형 상품이기 때문에 '원금 보장'이란 단어를 사용할 수 없으며, 대신 '원금 보존 추구형'이란 단어 사용가능

구조화 상품은 어떻게 구성돼있나?

예를 들어 코스피200을 기초자산으로 한 만기 1.5년의 녹아웃콜(Knock-out call)이란 상품이 있다고 하자. 녹인(Knock-in)이란 주가가 배리어(일정 수준) 가격에 도달하면 옵션 효력이 발생하는 것을 말하고, 녹아웃(Knock-out)이란 반대로 옵션 효력이 소멸되는 것을 말한다. 따라서 녹아웃콜이란 주가가 배리어를 웃돌면서 콜옵션 매수 포지션의 효력이 사라지는 것이다.

이 상품의 조건이 원금 100% 보장형이고 최초 기준가격의 20%까지 오를 경우 상승 참여율(상승한 가격이 실제 수익에 반영되는 정도)이 82.5%라고 하자. 코스피200이 장중 또는 종가에 최초 기준가격의 120%를 초과해서 상승한 적이 없으면서 최종 기준가격이 최초 기준가격의 100% 이상 120% 이하일 경우 수익률은 120까지 오르면 16.5%(20×82.5%), 110까지 오르면 8.25%(10×82.5%)의 수익이 나게 된다.

코스피200이 투자 기간 동안 최초 기준가격의 120%를 초과해 상승한 적이 없으면서 최종 기준가격이 최초 기준가격의 100% 미만일 경우나 코스피200이 최초 기준가격의 120%를 초과해 상승했을 경우는 원금만 상환 받을 수 있다.

지수형 ELS는 안전한가?

백 팀장은 10% 이상의 높은 수익률을 제시했지만 지난해 높은 손실률이 발생한 종목형 스텝다운 ELS에서 투자 교훈을 얻어야 한다고 강조했다. 종목형 ELS는 지난해 정유·화학·조선주에 이어서 현대자동차까지 원금 손실 구간(녹인)에 진입하면서 투자자들의 기피 대상이 됐다. 그는 "스텝다운 ELS의 수익률은 두 기초자산 중 성과가 좋지 않은 종목이나 지수가 결정하게 된다. 기초자산 간 상관관계가 낮은 ELS는 적합하지 않다"고 조언했다.

종목형 ELS에서 대규모 손실이 발생하자 자금은 상대적으로 안전한 지수형 ELS로 몰렸다. 2014년 1월 지수형 ELS가 한 달 새 4조 4,722억 원이 발행됐는데 1년이 지난 2015년 1월에는 발행 규모가 7조 원을 넘어섰다.

백 팀장은 지수형 ELS 역시 안전한 상품만은 아니라고 강조했다. 그는 "지수형 ELS가 손실 상환될 가능성은 10% 미만이지만 금융위기와 같은 구간에서는 주요 국가 지수 간 상관계수와 손실률이 확대돼 이론상으로는 원금을 전액 잃을 수도 있다"고 말했다. 손실이 날 가능성이 크지 않지만 시장이 흔들릴 경우 충분히 그럴 수 있다는 것이다.

백 팀장은 DLS의 기초자산인 원자재와 환율 역시 주가지수에 비해서 변동성이 크다는 점을 유의할 필요가 있다고 설명했다. 삼성증권에 따르면 2011년 11월부터 2013년 3월까지 금은 평균 대비 30.8% 하락했고 서부텍사스산원유(WTI)는 2011년 1월부터 45개월간 평균에 비해 54.9% 내렸다.

ELS의 진화와 똑똑한 투자법
백 팀장은 지수형 ELS 상품들이 보다 안정성을 강화하는 쪽으로 진화하는 것을 눈여겨볼 필요가 있다고 말했다. 그는 "하락 배리어를 없애 안정성을 강화한 슈퍼스텝다운 ELS나 설정 후 2개월 이내 기초자산이 급락할 경우 상품 구조를 안정형으로 변경하는 슈퍼케어 ELS 등 지수형 ELS 상품이 진화하고 있다. 손실 구간에 들어갔더라도 만기 시점에 기초자산이 모두 일정 구간에 들어오면 원금이 지급되는 쉴드존 ELS 상품도 있다"고 소개했다.

백 팀장이 우선적으로 꼽은 똑똑한 ELS 투자법은 수익률만으로 ELS를 선택하지 말라는 것이다. 또한 시장 상황에 맞게 기초자산을 선택해야 하며 안정성이 강화된 ELS를 골라야 한다고 조언한다. ELS의 경우 중도 환매 시 불리한 경우가 많기 때문에 투자 기간을 고려해서 선택할 필요도 있다.

이 외에 발행회사인 증권사의 신용도 역시 점검 대상이다. 그는 "상관관계가 1이 아닌 모든 자산은 분산 투자를 해야 한다. 투자 기간과 기대수익률, 투자자의 투자 성향 등을 감안한 자산 배분에 따른 포트폴리오 투자가 가장 효과적"이라고 말했다.

후강통과 해외 주식 철저 가이드

중국 내수 1등주에 투자하라

2014년 11월 후강통(상하이거래소와 홍콩거래소 간 교차거래) 시행 이후 중국 주식 투자에 대한 국내 투자자들의 관심이 높아지고 있다. 그러나 2015년 5월 말에 홍콩 증시에서 중국 태양광 업체 하너지박막과 부동산업체 골딘파이낸셜홀딩스 등 일부 주식이 하루 새 40% 이상 폭락하는 등 중국 주식 투자에 대한 우려 역시 커지고 있다.

조용준 하나대투증권 리서치센터장은 최근 급등한 중국 주식에 대해 2015년 5~6월간 단기적으로 조정을 받을 수는 있지만 중장기적으로는 여전히 긍정적이라고 강조했다. 조 센터장은 "2015년 4월 초에 중국 현지 증권사 리서치센터장을 여럿 만났는데 이들이 예상하는 2015년 말 상하이종합지수 전망치

조용준 하나대투증권 리서치센터장

가 최대 6,000에 달했다. 중국 현지에서도 2015년 초에 4,000을 예상했다가 전망 수준을 높였다"고 소개했다.

1. 중국 주식 투자 괜찮은가?

조 센터장이 중국 증시 투자를 좋게 보는 이유는 뭘까? 중국 경제가 최악의 시나리오 즉, 경제성장률이 7%를 밑돌며 경착륙하지 않고 유동성 장세를 유도하는 중국 정부 정책의 방향이 증시를 끌어올릴 것이란 분석이다.

특히 그는 중국의 현재 경제 발전 상황을 살펴볼 필요가 있다고 강조했다. 한 개 성의 인구가 우리나라 인구와 비슷하고 한 개 성의 경제 규모가 한 국가와 비슷하기도 한 중국이 그동안 지역별로 불균형하게 성장했는데, 이를 해소하기 위해 현재 중국 정부가 취

하는 정책에 주목할 필요가 있다는 설명이다.

그는 "중국에는 상하이처럼 선진국 수준으로 발달한 지역도 있고 중서부 지역처럼 아직 발전하지 못한 곳도 상당하다. 중국 신지도부의 핵심 과제가 도시화를 통한 불균형 해소이기 때문에 내수 소비 중심의 성장을 모색할 것"이라고 예상했다.

즉 성장의 여지가 아직 많이 남아있기 때문에 투자 기회 역시 여전하다는 것이다. 또한 중국 인민은행이 기준금리를 2014년 11월 이후 2015년 3월, 2015년 5월 등 6개월 새 세 차례나 인하하는 등 공격적으로 통화완화 정책을 펼치고 있고 경제의 위험 요인으로 꼽히는 부동산 리스크 역시 크지 않다는 설명이다.

그는 "중국 경제의 잠재 리스크는 부동산과 금융위기인데 도시화율이 54% 수준으로 부동산 버블을 논할 단계는 아니다. 부동산 투기에 대한 규제와 늘어난 기업 부채는 자본 시장 육성으로 해결할 수 있다"고 말했다. 즉 부동산에 대한 규제가 강화되면 자금이 증시로 흐를 것이고 기업이 부채를 줄이는 과정 역시 자본 조달 등을 통해 이뤄지기 때문에 증시에는 우호적이라는 얘기다.

이에 따라 중국 경제성장률 전망치가 하향 조정되지만 중국 증시 전망치는 상향 조정되는 추세도 주목할 필요가 있다는 지적이다. 중국 사회과학원이 제시한 올해 중국 국내총생산(GDP) 증가

율 전망치는 7%이고 상하이종합지수 전망치는 5,000이다. 국태
군안증권, 초상증권 등 중국 증권사들은 각각 경제성장률을 7.1%
와 7.3%로, 상하이 증시는 각각 3,200과 3,450으로 전망했다.

2015년 주요 기관별 중국 경제성장률, 증시, 환율 전망

기관	GDP 전망(%)	상하이지수 전망(pt)	환율 전망(위안/달러)
사회과학원	7	5,000	–
국태군안증권	7.1	3,200	6.10
초상증권	7.3	3,450	6.15
UBS증권	6.8	3,000	6.10
JP모건	7.2	연초 대비 10% 이상	6.15
모건스탠리	7	연초 대비 10% 이상	6.30
하나대투	7.1	4,500	6.35

※자료 : 블룸버그, 하나대투증권

당초 상하이종합지수 전망치 상단을 4,500으로 잡았던 조 센
터장은 "저물가 속에 공격적인 통화완화 정책을 펴는 정책 효과
와, 개인과 외국인의 압도적인 수급이 주가를 밀어 올리고 있다.
중국 경제와 증시의 디커플링(차별화) 국면은 지속될 것으로 보이
며 최근의 흐름을 반영해 상하이지수 전망치를 상향할 것을 검토
하고 있다"고 말했다.

중국 증시 전망

　조 센터장은 개혁·통화완화·시장개방 등 중국 정부의 3가지 정책이 증시로의 자금 유입을 유도하고 있다고 강조했다. 하나대투증권에 따르면 현재 중국 가계의 자산 비중은 부동산이 60%로 가장 많고 주식형 자산은 4%에 불과하다. 이는 주식 시장이 일찌감치 발달한 미국 가계의 자산 비중(부동산 34%·주식 30%)과 비교해 볼 때 주식으로의 자금 유입 여력이 여전하다는 것으로 해석될 수도 있다.

　이 외에 2014년 11월 후강퉁에 이어 2015년 하반기 예정된 선강퉁(선전거래소와 홍콩거래소 간 교차거래) 시행 등 경제·금융 이벤트가 증시에 우호적이라고 설명했다. 이어 그는 "상반기 증시가 대형주 위주의 장세였다면 하반기에는 실적과 개혁 효과가 반영돼 신흥 산업과 내수주 위주로 반등할 것으로 예상한다"고 말했다.

　하나대투증권에 따르면 2015년 중국 기업이익 증가율이 가장 높을 것으로 예상하는 업종은 헬스케어(46.3%)이고 이어 IT(34.8%), 통신설비(31%), 유틸리티(30.4%), 필수소비재(28.4%) 등이다.

2. 중국 주식 투자 전략

조 센터장은 중국 주식 투자 전략을 국내 주식 시장의 외국인 개방 사례에서 참고해 세울 것을 조언했다. 1992년 한국 주식 시장이 외국인에게 개방된 후 1994년 말까지 외국인들이 3년간 한국의 대표 우량주들을 한도만큼 매수했다. 당시 삼성화재, 롯데칠성이 5배 이상 오르고 신세계, 롯데제과 등이 3배 이상 상승하며 코스피 상승률(68%)를 크게 웃돌았다. 즉 한국의 대표적인 소비재 주가 상승률이 높았다는 설명이다.

기간을 늘려 1990년부터 2013년까지의 주가 상승률은 이보다 훨씬 높아 삼성화재와 SK텔레콤은 각각 84배, 74배나 상승했다. 이 기간에 오리온은 6,831%, 롯데제과와 롯데칠성은 각각 5,722%, 5,672% 올랐다. 조 센터장은 "20여 년간 코스피가 2배 오르는 동안 이들 내수소비 1등주의 평균 주가 상승률은 코스피 상승률의 40배 이상이다. 한국의 사례를 볼 때 중국 내수 소비재 산업 1등주가 장기적으로 주가 상승이 예상된다"고 말했다.

조 센터장은 '투자의 귀재' 또는 '오마하의 현인'으로 불리는 워런 버핏 버크셔해서웨이 회장의 투자 역시 소비 1등주 투자라는 투자 철학에서 벗어나지 않는다고 설명했다. 그는 "워런 버핏의 투자 철학은 코카콜라, 월트디즈니, 나이키, 월마트 등 해당 업종에서 독점적 지위가 있는 1등주에 투자하는 것이다. 적의 침입을 막는 중세의 '해자'처럼 경쟁 우위의 폭과 깊이를 따져보고 투자해야 한다"고 말했다.

보험·제약·여행주에 투자하라

조 센터장은 특히 보험, 제약, 여행, 음식료 등 내수 소비재에 투자하라고 조언했다. 그는 복성제약, 인민재산, 인수생명, 중국국제여행사, 화이브라더스, 중신증권, 마오타이, 상해자동차, 이리, 형루이의약을 유망 종목으로 꼽았다.

조 센터장은 복성제약이 중국 헬스케어 산업의 본격적인 성장과 함께 주가가 장기적으로 상승할 것으로 전망했다. 그는 "5년간 연평균 30%대의 고성장을 했는데 주가는 단기적으로 상승해 조정을 받는 국면이다. 주가가 반드시 이익 증가율과 같은 추세를 보이지는 않지만 장기적으로는 일치하기 때문에 투자가 유망하다"고 말했다.

인민재산과 인수생명은 각각 중국 최대 손해보험사, 생명보험사로 중국 자동차 시장의 대중화와 소득 증가에 따른 수혜가 예상된다. 중국국제여행사는 여행사와 면세점 부문의 1등 기업으로, 화이브라더스는 중국 최대 엔터테인먼트그룹으로 역시 주목할 필

유망 중국 소비재 1등주 10선

업종	종목명	기업 소개
제약	복성제약 (HK.2196)	중국 대표 헬스케어 회사로 제약, 의료기기, 병원 영업
보험	인민재산 (HK.2328)	중국 최대 손해보험사로 시장 점유율 1위
보험	인수생명 (SH.601628)	중국 생명보험 시장 33%로, 중국 1위 회사이며 중국 내 최대 기관 투자자 중 하나
여행	중국국제여행사 (SH.601888)	중국 내 최대 규모의 여행사로 면세점 서비스도 제공
엔터·미디어	화이브라더스 (SZ.300027)	차스닥 1호 영화 상장사로 영화·드라마 제작, 400명 스타를 보유한 엔터테인먼트사 운영
증권	중신증권 (SH.600030)	중국 증권회사 1위로 IB, 브로커리지 시장 점유율 1위
주류	마오타이 (SH.600519)	중국 8대 명주 중 하나인 마오타이 백주 제조업체
자동차	상해자동차 (SH.600104)	중국 자동차 1위 회사로 산하 브랜드로는 상하이폭스바겐, 상하이GM 등이 있음
음식료	이리 (SH.600887)	중국 우유 및 유제품 1위 회사로 우유, 아이스크림, 분유생산·판매
제약	형루이의약 (SH.600276)	중국 내 항암약품 1위 기업

※HK는 홍콩, SH는 상하이, SZ는 선전 상장회사

요가 있다고 덧붙였다. 조 센터장은 "중국의 경우 아직 산업이 세분화되지 않아 1등주에 투자하기가 더 쉽다"고 설명했다.

조 센터장은 상하이, 홍콩 등 중국 시장별 투자 전망에 대해서 "후강퉁 시행 이후 상하이 증시가 급등해 상대적으로 홍콩 증시가 더 나아 보인다. 선강퉁이 시행되면 선전(심천) 증시가 좋지 않겠냐는 시각이 있지만 평균 주가수익비율(PER)이 50배에 달하며 고평가된 데다 종목 수도 2배나 많다. 개인 투자자 입장에서는 투자 때 손실이 커질 수 있기 때문에 간접투자를 추천한다"고 말했다.

조 센터장은 또한 해외 투자 때 환율 등의 리스크를 우선 고려해야 하며 테마주 투자는 외국인인 한국 투자자 입장에서는 피해야 한다고 덧붙였다. 그는 "테마주 투자로 현지인인 중국인들을 이길 수 있겠나. 주가도 많이 오른 측면이 있어서 권하고 싶지 않다"고 말했다.

Seoul
Money
Show

Part 03

재테크 베스트셀러
작가들의
스페셜 코칭

김태훈 법무법인 열린 이사 – 부동산 경매로 월세 받기
이명로 푸르덴셜생명 LP – 월급쟁이가 부자 되는 비결
신동일 국민은행 대치PB센터 부센터장
　　　　　　　 – '장사의 신'에게 배우는 창업 전략

PART 03 재테크 베스트셀러 작가들의 스페셜 코칭

김태훈 법무법인 열린 이사
부동산 경매로 월세 받기

월급쟁이의 부동산 경매 투자

2015 서울머니쇼에서는 부동산 경매에 대한 높은 관심을 바탕으로 2015년 초 출간돼 좋은 반응을 얻은 《나는 부동산 경매로 슈퍼직장인이 되었다》의 저자 김태훈 법무법인 열린 이사를 〈재테크 베스트셀러 작가 릴레이 강연〉의 연사로 등장했다.

그는 이력부터 특이하다. 15년간 공무원으로 근무했다. 전셋집이 경매로 넘어가면서 부동산 경매 공부를 시작했다. 경매를 통한 성공 투자 사례가 쌓이면서 투자수익이 연봉을 뛰어넘는 단계

김태훈 법무법인 열린 이사

가 됐다. 결국 저자는 공무원 생활을 그만두고 경매 투자에 투신해 부동산 경매 전문로펌 법무법인 열린의 이사(사무장)으로 재직 중이다. 부동산 경매 전문카페 '행·꿈·사' 운영자 겸 칼럼니스트이자 '3,000만 원으로 3억

만들기 프로젝트'의 진행 담당자이기도 하다.

평범한 직장인, 자영업자들은 고민이 첩첩산중이다. 10년 후의 비전이 있는지, 월급은 만족스러운지, 원하는 일을 하고 있는 것인지, 퇴직 후 무엇을 할 것인지…. 이런 고민을 돌파할 해결책으

일반 직장인 vs 슈퍼직장인

- 10년 후의 비전은?
- 월급·소득 수준은 만족할 만한가?
- 직장·업종 선택의 기준과 이유는 무엇인가?
- 하고 싶은 일을 하고 있는가?
- 여가·취미생활은 가능한가?
- 육아 환경은 어떠한가?
- 퇴직 후 무엇을 할 것인가?
- 몇 세까지 일을 할 수 있을까?
- 은퇴 후 연금만으로 생활이 가능한가?

해법

슈퍼직장인

월급보다 월세수입이 많고,
연봉보다 투자수입이 많아,
경제적 자유가 있는 직장인

로 김 이사가 제시하는 개념이 '슈퍼직장인'이다. 그가 직접 만든 말로, 월급보다 월세수입이 많고 연봉보다 투자수익이 많아 당장 회사를 그만둬도 먹고사는 데 지장이 없는, 경제적 자유가 있는 직장인을 의미한다.

김 이사는 직장인들의 회의적인 시각, '부동산 투자는 부자들만 하는 것이고 나 같은 월급쟁이는 꿈도 꾸지 못할 일이지 않은가'라는 생각에 대해 단호하게 '아니다'라고 대답하며 강연을 시작했다. 월급쟁이들도 종잣돈 3,000만 원이면 치열한 노력으로 경매를 공부해 '슈퍼직장인'이 될 수 있다는 것이 그의 생각이다.

전셋집이 경매에 넘어가는 수난을 겪었던 저자는 내집마련부터 소액 투자, 은퇴 설계까지 오피스텔, 빌라, 상가로 직접 경매를 통

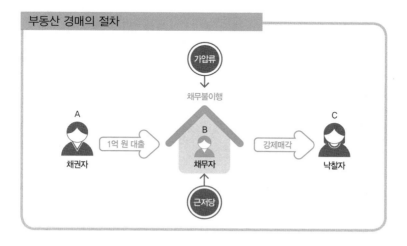

부동산 경매의 절차

가압류

채무불이행

A
채권자

1억 원 대출

B
채무자

강제매각

C
낙찰자

근저당

해 투자 범위를 넓혀 나간 과정을 차근차근 설명했다.

왜 경매일까? 철저한 권리분석 공부를 하면 시세보다 싼 가격에 매물을 낙찰받아 기본적으로 자본수익을 얻어갈 수 있기 때문이다. 주택 경기가 상승세를 타고 있다는 점도 경매 투자에 힘을 실어주고 있다. 통상 경매법원에 나온 물건은 감정 가격이 입찰 전 6개월 안팎을 기준으로 나오기 때문에 상승장에서는 감정가가 입찰 시점의 시세보다 싸게, 하락장에서는 높게 나오는 구조다. 그는 내집마련을 우선하되, 전세난이 심해지는 저금리 시대에 소액 투자처로는 '빌라(다세대주택)'의 투자가치에 주목할 것을 주문했다.

부동산 투자의 첫걸음 '내집마련'

모든 투자는 실거주 투자부터 시작된다. 무주택자의 '내집마련'이 주택 투자의 첫걸음인 셈이다. 김 이사는 "최근 수도권 주택 시장은 그간의 공급부족으로 인해 상승 초기에 진입했다. 기존에 가격 하락 폭이 컸고 전세금이 많이 오른 곳을 중심으로 내집마련용 실거주 주택부터 시작해 경매 부동산 투자를 늘려나갈 때"라고 말했다.

'과연 지금이 내집마련을 할 때인가?'라는 질문에 답하기 위해서는 주택 시장 현황을 우선 분석해야 한다. 핵심은 향후 주택 가격이 오를지 내릴지 여부다. 김 이사는 서울과 수도권의 주택 가격이 당분간 상승할 것으로 전망했다. 공급부족, 금리 하락, 정부 정책, 전세가 상승 등 4가지 요인이 맞물려 돌아가고 있기 때문이다.

우선 서울과 수도권에서는 지방과 달리 주택 경기 침체로 장기간 공급이 부족했다는 점을 짚을 필요가 있다. 전 세계적인 저금리 정책과 경기 둔화로 당분간 저금리는 지속될 것으로 예상한다. 취득세와 양도세 완화, 총부채 상환비율(DTI)규제완화, 재건축 규제 완화 등 정부 정책도 주택 경기를 살리는 방향으로 나오고 있다. 마지막으로 전세자금대출로 전세 수요가 증가하고 주택 매수 의지가 하락하면서 전세 공급도 감소하고 있는 상황이다.

그렇다면 실거주 주택 매입 전략은 어떻게 짜야 할까? 먼저 기존 가격의 하락 폭이 큰 지역일수록 상승 여력이 강하기 때문에 이런 곳은 눈여겨볼 필요가 있다. 전세가는 많이 상승했지만 매매가는 상승하지 않은 지역도 전세 수요가 매매 수요로 전환되면서 가격이 상승할 수 있다. 현재 인기 없는 중대형 주택을 경매로 시세보다 싸게 매입하는 것도 방법이다. 본인이 직접 들어가 사는 집은 가격이 하락해도 지장이 없고 향후 가격 회복 시 저가 매입에 따른 차익에 가격 상승분이 더해져 시너지 효과가 커지기 때문이다.

실전 경매 – 소액 투자부터 무피 투자까지

1. 종잣돈 3,000만원으로 시작하는 경매 투자

얼마의 종잣돈이 있어야 경매 투자를 할 수 있을까? 경매의 장점은 소액 투자가 가능하다는 점이다. 김 이사는 "낙찰가의 80~90% 대출이 가능한 경매를 활용하면 종잣돈 3,000만 원으로도 투자가 가능하다"고 설명한다.

예를 들어 아파트를 1억 6,000만 원에 낙찰받을 경우 대출을 1억 2,000만 원까지 받아 적극 활용하면 4,000만 원으로 투자가 가능하다는 얘기이다. 이마저 낙찰 후 보증금 1,000~2,000만 원에 월 40~50만 원 조건으로 임차인을 받을 경우 결과적으로 2,000~3,000만 원 정도의 투자금으로 투자를 한 셈이 된다.

1,000~3,000만 원 선까지 가능한 마이너스 통장을 활용하면 레버리지가 더욱 극대화된다. 지나치면 위험하지만 잘 고른 투자처에는 마이너스 통장을 활용하는 것도 방법이라는 것이 그의 생각이다.

그럼 이 종잣돈을 어떻게 투자하면 될까? 2억 원 미만의 부동산을 경매로 시세보다 싸게 매입하는 것이 방법이다. 기본 전략은 이렇게 낙찰받은 주택에 전세나 월세를 놓아 투자금 일부를 회수하고, 1주택자 양도세 비과세 기간이 되는 2년간 보유하였다가 매도하여 시세차익을 실현하는 방식이다.

부동산 경기 흐름을 읽고 지역별 수요공급을 따지는 입지 분석을 결합하면 가격 상승분에 대한 추가 수익을 기대할 수도 있다. 저가 매입에 따른 차익에 가격 상승분이 더해지기 때문이다. 가격이 하락할 경우에도 저가로 매입했을 경우 리스크를 최소화할 수 있다는 점이 경매의 최대 장점이다.

실제 그는 2009년 경매 시작 당시 감정가 2억 원의 전용면적 85㎡ 아파트를 1억 6,000만 원에 낙찰받았지만 대출을 제외한 실투자금은 3,000만 원에 불과했다. 등기비 450만 원과 기타 비용 350만 원을 합쳐 취득가는 1억 6,800만 원이었지만 1억 2,800만 원을 대출받고 보증금 1,000만 원, 월 50만 원 조건으로 임대해 보증금도 받았기 때문이다.

대출 이자가 월 43만 원씩 나가지만 월세가 50만 원이어서 매달 7만 원씩의 수익도 발생했다. 아파트 가격은 같은 수준에 머물러 2년 후 1억 8,000만 원에 매도했지만 낙찰을 싸게 받았기 때문에 추가로 2,000만 원의 수익을 실현할 수 있었다.

한 차례 소액 경매 투자에 성공하고 나자 다음 의문이 꼬리를 물었다고 한다. '3,000만 원의 투자금을 묶이지 않으면서, 소액 투자를 짧은 주기로 반복할 수는 없을까?' 그는 어떻게 했을까?

2. 투자금이 바로 회수될 수 있는 투자를 찾아라

첫째로, '대출을 일부 남기고 전세로 임대'했다. 2010년 경매법원에서 2회 유찰된 물건을 1억 5,000만 원에 낙찰받은 경기도 의정부 전용 59㎡ 아파트(감정가 2억 1,000만 원)가 사례로 등장했다. 낙찰가에 등기비를 합친 취득가격은 1억 5,700만 원이었다. 3,700만 원 현금을 투입하고 1억 2,000만 원을 대출받아 물건을 낙찰받았다.

낙찰 후에는 전세입자를 전세금 1억 원 조건으로 받았다. 전세금 1억 원 중 대출금을 갚는 데 6,000만 원을 쓰고 4,000만 원을 현금으로 보유하면 실제 투자금은 마이너스 300만 원이 된다. 남은 대출금 6,000만 원에 대한 월 이자로 21만 원씩 나가지만 충분히 낮은 가격에 낙찰받았다면 매도 시 수익 실현이 가능하다.

둘째는, '월세 소득이 발생하는 유형'이다. 그는 2011년 감정가 1억 원(시세 1억 2,000만 원)의 전용 59㎡ 다세대주택을 9,716만 원에 낙찰받았다. 등기비를 합친 취득가격은 9,946만 원. 8,200만 원 대출을 활용해 낙찰받은 후 원래 살고 있던 보증금 2,000만 원, 월세 50만 원의 세입자와 재계약을 했다. 대출 이자가 매달 35만 원씩 나가지만 월세가 50만 원이니 매달 수익 15만 원이 발생하고, 실제 투자금은 −254만 원이 된다.

3억 프로젝트와 은퇴 설계

그는 이렇듯 소액 투자를 이어가면서 2014년 10월 '3억 프로젝트'를 가동했다. '종잣돈 3,000만 원으로 2년 동안 3억 만들기' 프로젝트다. 마침 저금리와 전세난이 맞물려 주택 경기가 살아나는 시기였다.

그는 강연에서 3억 프로젝트 만들기 1호와 2호를 공개했다. 시세 1억 원을 조금 넘는 다세대주택들이다. 다세대주택도 전세금이 치솟는 상황이어서 낮은 가격에 낙찰받으면 전세금이 낙찰가를 초과해 낙찰 후 바로 순자산이 증가하는 경우도 있다.

궁극적으로는 역시 월세를 늘려가는 것이 투자 방향이다. 낙찰가의 80~90% 대출을 받고 월세로 임대해 한 채당 매달 20만 원 이상의 임대수익을 창출하고, 2년 후 매도하여 매매차익을 실현하는 방식을 종잣돈이 모이는 대로 반복하는 것. 이 경우 투자금이 1,000만 원대에 머물러 월세에서 대출 이자를 제하고도 수익이 발생, 연 임대수익률이 20~30%까지 달하는 물건도 생기게 된다.

은퇴 준비를 위한 임대수익의 결정체는 역시 상가다. 그는 '꾸준히 상가 개수를 늘려 월급 이상의 임대수익을 창출하라'고 조언한다. 주택과 상가를 지속적으로 매입해, 임대수익과 매매차익을 실현하면서 우량 물건은 보유하고 상대적으로 수익이 낮은 물건을 처분해나가는 것을 반복하는 것이 기본 방식이다. 특수물건 등 권리관계가 복잡하고 난이도가 높은 물건일수록 수익은 커진다. '부동산 경매는 정년이 정해져 있지 않은 평생 직업'인 셈이다.

슈퍼직장인이 되자

내집마련부터 소액 투자까지 사례로 등장한 것들은 모두 저자가 직접 투자했던 물건들이다. 그는 저서 《나는 부동산 경매로 슈퍼직장인이 되었다》 서문에 "2014년 늦봄 출판 제의를 받았을 때 화려한 사례로 위장해 마음만 빼앗는 술수를 쓰지 말자고 했다. 독자에게 진심으로 희망과 공감을 주기 위해서는 처음부터 끝까지 나의 진솔한 투자 과정들을 오픈해야 한다고 생각했다"고 쓴 바 있다.

이날 강의는 그가 서문에서 밝혔듯, 화려하진 않지만 진솔한 분위기에서 이어졌다. 전셋집이 경매에 넘어간 평범한 직장인이었던 그는 경매 투자에 뛰어든 후 어느덧 자산 31억 원(순자산 7억 원)을 보유한 '슈퍼직장인'이 됐다. 그는 마지막으로 "8년 전 일기를 꺼내 보면 그때 목표들을 적었던 것이 큰 힘이 됐던 것 같다. 꿈을 꾸고, 그 꿈을 글로 써서 기록해 추구해나가는 방식이 힘이 된 셈"이라고 말했다.

이명로 푸르덴셜생명 LP
월급쟁이가 부자 되는 비결

부자 아빠 없는 보통 사람을 위한 재테크

이명로 푸르덴셜생명 라이프플래너(LP)가 2009년 출간한 《똑똑한 돈》은 대형서점 경제·경영 베스트셀러 3위, 종합 베스트셀러 7위에 오른 바 있다. 2011년 출간한 《경제공부의 바다에 빠져라》도 IMF 외환위기와 2008년 금융위기의 시대상을 그려내 베스트셀러 반열에 올랐다. 그의 저서들은 기존의 부자보다 부자가 되고 싶은 사람, 즉 보통 사람들에게 초점을 맞췄다는 공통점이 있다.

이명로 푸르덴셜생명 라이프플래너

'부자 아빠 없는 당신이 진짜 부자 되는 법'이라는 부제가 붙은 《월급쟁이 부자들》도 마찬가지다. 이 책은 부모에게 물려받은 것도 없으면서 의사·변호사 같은 '개룡 남녀'도 아닌 보통 사람 6,000여 명의 재테크 성공 경험을 담아 2014년 4월 선보였다.

월급쟁이 생활로 40대에 경제적 자유를 얻은 이들의 철학과 경제관, 가정관을 담은 베스트셀러 작가이자 2009년부터 푸르덴셜생명 보험계약 건수 1~2위를 놓치지 않은 현장 전문가 강연을 듣기 위해 청중 수백여 명이 강의실을 가득 메웠다.

보통 사람들이 부자가 되기 위한 6가지 덕목

32세 공무원인 미혼 청년 A씨는 월급 210만 원 중 60만 원을 1997년 IMF때 퇴직한 부모님 생활비로 드린다. 2만 원은 복권을 구입한다. 나머지 148만 원은 모두 '투자'. 투자 대상은 바로 '여자'다. 넉넉하지 않은 월급을 투자해봤자 큰돈을 모을 수 없으니 영화나 드라마에서나 나올 법한 부잣집 여성을 만나 혼(婚)테크를 해보겠다는 심산이다.

A씨와 상담한 이 라이프플래너는 "집을 사려면 연봉의 5~6배가 되는 금액을 대출받아야 하고 부모님마저 경제 능력이 좋지 않은 경우라 자식 도리를 하는 A씨의 사정이 안타까운 것은 사실이다. 하지만 A씨의 선택은 옳지 않다"고 단언했다. "내가 그렇게 생각하면 상대방 또한 마찬가지"이기 때문이다.

그는 이 상황을 '주식'에 빗댔다. 이 라이프플래너는 "여러분이 지금 목돈을 가지고 있고 좋은 종목을 찾고 있다면 현재는 잘나가지만 미래가 불투명한 종목(A), 현재는 보잘것없지만 미래는 기대되는 종목(B), 현재도 미래도 보잘것없는 종목(C) 중 어느 종목에 투자할 것인가"라고 청중들에게 질문했다. 그는 "당연히 B(현재는 보잘것없지만 미래는 기대되는 종목)다. 사람도 마찬가지"라고 강조했다.

지금은 부족하지만 앞으로 성장할 수 있다는 기대감이 있는 사람이라면 이 기대감만으로도 상대방은 그 사람에게 투자할 가치가 충분하다고 판단할 것이라는 얘기다.

그렇다면 B가 되려면 어떻게 해야 할까? 그는 "미래가 기대되는 사람은 재테크에 꾸준히 관심을 가지며 '돈은 버는 것이 아니라 모으는 것'이라고 생각하고 자기 일에 충실하며 미래를 준비하는 사람이다"라고 말했다.

그는 이처럼 미래가 기대되는 사람, 즉 평범한 사람으로서 부자가 되는 6가지 덕목을 청중들에게 제시했다.

미래가 기대되는 사람의 6가지 덕목

1. 공돈 보기를 돌같이 하라

2. 30분 먼저 시작하라

3. 끝까지 가라

4. 결과보다는 과정을 중시하라

5. 자기 직업에서 승부를 걸자

6. 멘토를 구하라

1. 공돈 보기를 돌같이 하라

학창 시절 아르바이트로 3만 원을 번 B씨는 돈을 받자마자 '치맥' 생각을 했다. 하지만 힘들게 번 돈을 한꺼번에 쓰는 것은 아깝다는 생각에 허기를 꾹 참고 집으로 발길을 돌렸다.

B씨의 발걸음을 멈추게 한 것은 길가에 떨어진 1만 원. '공돈'이라는 생각에 B씨는 치킨집으로 다시 발길을 돌렸고 동네 친구들까지 불렀다. 결국 그날 번 3만 원까지 모두 쓴 B씨의 사연을 소개한 이 라이프플래너는 부자가 되려면 먼저 "공돈 보기를 돌같이 하라"고 했다.

2. 30분 먼저 시작하라

이 라이프플래너는 똑같은 직장에서 동일한 월급을 받는 두 직장인의 상이한 10년 뒤를 소개했다. 한 사람은 집을 사고 저축도 했지만 다른 한 사람은 둘 다 성공하지 못했다. 한 명은 준비를 했고 다른 한 명은 준비를 하지 않았기 때문이다. 그는 "30대라면 30년 후, 40대라면 20년 후 은퇴한다는 사실에는 변함이 없다. 노후 준비를 30분 먼저 시작하라"고 강조했다.

이 라이프플래너는 "재테크가 엉망이 되는 것은 예상했던 부분(노후)에 대한 준비를 미루기 때문이다. 이는 우리가 일반적으로 약속에 늦을 것을 예상하면서도 몸을 움직이지 않는 것과 같다"고 설명했다. 늦잠 5분의 유혹처럼 누구나 당장 편한 게 좋고 당장 쓰는 게 바쁜 습관을 지적한 것이다. 그는 "어차피 일어날 일에 대한 이벤트는 미리 준비하는 게 좋다"고 강조했다.

3. 끝까지 가라

"제가 갖고 있는 상품이 좋은 것인가요?"

이 라이프플래너가 고객들과 상담하면서 자주 받는 질문이다. 이 질문에 대한 그의 대답은 간단했다. 바로 "끝(시작할 당시의 가입 기간)까지만 간다면 나쁜 상품은 없다"였다.

그는 "은행의 1년 만기 적금을 끝까지 유지하는 비율은 50%가 안 되고 3년 만기는 20%, 10년 이상은 더 적다"며 목적에 맞는 상품을 선택함으로써 가입한 상품을 '완주'하라고 제안했다.

이 라이프플래너는 "상품을 가입한 목적과 상품의 용도가 맞는다면 해지의 유혹과 돌발적인 상황에 따른 위험도 피해 갈 수 있다. 예컨대 3년 후 결혼 자금을 모으기 위해 펀드를 가입했는데 3년 후 펀드 수익이 마이너스라고 결혼을 미룰 건가"라고 했다. 수익률보다 자신의 목적에 초점을 맞춰 적절한 상품을 선택하라고 그는 조언했다.

다음으로 이 라이프플래너는 '돈 모으는 맛'을 느껴보라고 했다. 그는 "사람은 인정받고 싶은 욕구가 크다. 한 달에 10만 원을 소비하여 인정받을 수 있는 행위는 별로 없다"고 전제했다. 반면 월 10만 원씩 저축해서 120만 원을 모은다면 돈을 모으고 쓰는 맛을 제대로 느낄 수 있다고 강조했다.

이 라이프플래너는 "만기까지 끌고 가서 모은 큰돈을 기반으로 누군가 알아주는 방식으로 돈을 쓰는 맛을 알면 사람은 다시 끝까지 돈을 모을 수 있다. 지금 당장 은행에 가서 단돈 1만 원이라도 적금을 들라"고 했다. 작은 성공을 모아 큰 성공이 된다는 당연한 얘기지만 대부분 실천하지 못하는 사실이다.

4. 결과보다는 과정을 중시하라

소셜네트워크서비스(SNS)에서 자기의 모습을 100%로 공개하는 사람은 없다. 실제 모습 중 '좋은' 모습을 중심으로 편집된 결과만 보이는 것이 SNS다. 이 라이프플래너는 "성공한 사람들의 겉모습만 보지 말고 그 과정을 배우기 위해 노력해야 한다. 부자가 됐다는 결과보다 부자가 되기 위해 그 사람이 어떻게 노력했는지에 초점을 맞춰라"고 강조했다.

그가 7년 전 만난 중년 여성 C씨는 1층 우유보급소 사무실을 포함한 3층짜리 건물을 갖고 있었다. '(C씨가) 건물 소유주고 우유보급소는 누군가에게 임대해줬겠지'라는 이 라이프플래너의 예상은 보기 좋게 빗나갔다. 사실은 우유보급소 임차인이었던 C씨가 IMF 때 이 건물을 사들인 것이었다.

1991년 남편이 뇌출혈로 세상을 등지면서 C씨는 종잣돈 3,000만 원으로 우유보급소 일을 시작했다. 열심히 일했지만 적자를 흑자로 돌리는 일은 쉽지 않았다. 우유를 사들이는 돈은 목돈이 한꺼번에 나간 반면, 우유를 판 돈은 수금을 통해 천천히 들어왔기 때문이다.

흑자 전환을 위해 C씨는 수금한 돈의 95%를 '무조건' 저축했다. 써야 하는 돈이 생기면 수금을 더욱 적극적으로 했다. 결국 건물

주를 비롯한 많은 사람들이 유동성 위기를 겪었던 1997년 C씨는 이 건물의 주인이 됐다. 그는 "SNS에 비친 성공한 사람들의 결과 말고 과정을 봐야 한다"고 거듭 강조했다.

5. 자기 직업에서 승부를 걸자

지난 2014년 대규모 명예퇴직을 단행한 KT. 당시 2억 원을 받고 은퇴할지 여부를 고심하던 D씨에게 이 라이프플래너는 '아니오'를 외쳤다.

이유는 간단했다. 2억 원의 퇴직금이 D씨의 월급 350만 원을 보상할 수 없었기 때문이다. 이 라이프플래너는 "매달 350만 원을 받으려면 예금 20억 원이 있어야 하는데 20억 원이 없다면 조금 자존심이 상하더라도 직장에 남으라고 조언했다. 은퇴 설계 중 최고는 은퇴하지 않는 것"이라고 강조했다.

한 포털업체 출신 부부가 2억 원의 스톡옵션을 받으면서 직장을 그만두고 귀촌 생활을 한다고 했을 때도 이 라이프플래너가 제동을 걸었다. 원래 직장을 그만두더라도 다른 직장에 취직해서 월급을 꼬박꼬박 받는 게 낫다는 이유 때문이었다.

그는 "지금 일이 나에게 안 맞을 수 있지만 진짜 돈은 직장에서 나온다. 대박 자영업이나 신개념 창업을 통해 '판을 키우는' 방법도 가능하지만 보통 사람으로서 부자가 되는 길은 자기 직장에서 최선을 다하는 것"이라고 강조했다.

예금 금액별 월 이자는 얼마일까?

예금 금액	월 이자
1억 원	17만 5,000원
2억 원	35만 원
3억 원	52만 5,000원
5억 원	87만 5,000원
10억 원	175만 원
15억 원	262만 5,000원
20억 원	350만 원

※금리 연 2.1% 기준

6. 멘토를 구하라

마지막으로 그는 "멘토를 구하라"고 했다. 이 라이프플래너는 "자신이 속한 조직에서 실패하지 않으려면 성공한 선배들을 따라 하면 되는데 이런 업무 스킬 습득은 하루나 일주일이면 족하다. 성공한 선배들은 재테크도 잘할 것이라는 생각으로 그들의 특징을 본받으면 된다"고 했다.

그는 "진부하게 들릴 수도 있지만, 성공한 멘토의 특징은 아침에 일찍 출근한다는 점"이라고 말했다. 다음으로 '돈을 가치 있는 곳에 쓴다'는 점. 송도에서 일하는 E씨는 자기계발을 위해 서울 강남구의 학원을 다니지만 승용차를 끌고 다니지도 않고 택시도 타지 않는다. '돈에도 인격이 있다'고 생각하기 때문이다. 이 라이프 플래너는 "돈의 인격은 수익이다. 성공한 사람들의 공통점은 꼭 써야 할 곳이 아니면 쓰지 않는다는 것이다"라고 강조했다.

신동일 국민은행 대치PB센터 부센터장
'장사의 신'에게 배우는 창업 전략

장사꾼이 되기 위한 3가지 키워드

《한국의 장사꾼들》이라는 저서를 펴낸 신동일 국민은행 대치 PB센터 부센터장은 〈장사의 신에게 배우는 창업 전략 – 성공한 창업가 분석〉이라는 강연을 통해 효과적 창업 성공 전략을 제시 했다.

서울 압구정PB센터 부센터장 겸 VVIP 자산관리팀장 시절 초고 액 자산가들, 이른바 '슈퍼리치'들의 창업 성공 스토리를 직접 눈 으로 지켜본 신 부센터장은 2015 서울머니쇼 특강에서 책에 미처

신동일 국민은행 대치PB센터 부센터장

담지 못한 비하인드 스토리와 부자들의 성공 습관까지 펼쳐냈다.

그는 장사꾼이 되기 위해서는 우선 3가지에 대한 고민이 필요하다고 말했다. 바로 '왜', '무엇을', '어떻게'가 그 3가지다.

첫 번째 "왜?"라는 질문에는 당연히 "돈을 벌기 위해서"라는 대답이 따라올 것이다. 하지만 이는 너무 막연하다. 구체적인 목표를 세울 필요가 있다. 'My life book'을 만들어 인생 목표를 구체적으로 적어보라고 권했다.

두 번째 '무엇을'이라는 질문은 아이템을 말한다. 세 번째 '어떻게'라는 질문은 그 아이템을 파는 방법을 얘기한다. 무엇을 어떻게 팔지를 결정함에 있어서 가장 중요한 것이 질문과 경험이라는 말도 덧붙였다.

그는 "장사는 성적순이 아니고, 공부 못한 사람이 장사는 더 잘할 수 있지만 조건이 있다. 잘하는 사람에게 노하우를 배우고자 하는 노력이 필요하다. 창업하고자 하는 분야에서 잘하는 사람에게 커피 한잔이라도 사주고서 배우려 노력해야 한다. 한국 사람의 특징은 잘 물어보지 않는다는 것이다. 발품을 팔고 물어보자. 많은 사람의 예상과 다르게 성공한 사람은 성공하려는 사람에게 가르쳐주려 한다. 성공한 사람에게 하는 질문은 시행착오를 줄여준다.

그리고 창업하려는 분야에서의 경험은 필수다. 최소 1년은 주방 일, 서빙, 호객행위를 다 해보고 배워야 한다. 손에 물 한번 안 묻히고서는 아무것도 할 수 없다"고 조언했다.

그들의 성공 습관

1. 종잣돈 마련은 보수적으로

신 부센터장은 창업을 위한 종잣돈을 마련하려면 펀드가 아니라 적금이 낫다고 권했다. 보험은 해약 시 손해를 보기 때문에 처음의 계획을 유지하기가 쉽다. 강제로라도 몇 년 안에 5,000만~1억 원을 모을 수 있는 수단을 마련해야 한다면 펀드보다는 적금이나 보험을 들어야 한다는 게 그의 조언이다.

어떤 펀드도 투자수익률이 사업보다 높을 수는 없으며 그 수익률은 종잣돈을 모은 후 사업할 때 올리는 것이다. 종잣돈을 마련할 때는 투자수익률을 생각하지 말라고 이야기했다.

2. 돈의 단위를 1원부터 생각하라

한 공무원의 이야기도 꺼냈다. 월 소득이 적지 않았던 그는 정년

이 7년 정도 남았지만 내집마련을 하지 못한 상태였고 맞벌이 부부였음에도 금융자산은 2,000만 원에 불과했다고 한다. 그는 26년간의 직장생활 동안 돈의 단위를 생각할 때 1만 원 이하를 푼돈으로 생각했다는 것이다. 200~300원 거스름돈은 한 번도 받아본 적이 없었던 그가 1원 단위까지 아껴서 모았더라면 10억 원 이상의 자산가가 됐을지도 모를 일이라고 판단했다.

신 부센터장은 부자들이 예금 등 거래를 하고 나서 잔돈을 10원 단위까지 알뜰하게 챙기는 데는 이유가 있다고 강조했다. "그들은 돈을 1원 단위로 생각하고 철저하게 거스름돈을 동전지갑에 챙긴다. 의외로 많은 사람들이 사소한 푼돈 관리에 소홀한 경우가 많다. 우리는 푼돈을 목숨같이 지켜야 한다. 아무리 내가 돈을 많이 벌어도 수입에서 지출을 뺐을 때 1원 이하로 남는다면 그것은 손해다. 100억 원을 벌어도 100억 1원을 썼으면 손해인 것이다. 손해를 보기 시작하면 당장 내일 망할지 1년 뒤에 망할지는 중요하지 않다. 망하는 것은 시간문제인 것이다"라는 조언도 했다.

3. 종잣돈을 모으려면 불필요한 지출을 줄이라

종잣돈을 모으는 데 있어서 '어떻게 모을까' 하는 것보다 중요한 것이 '지출을 줄이는 것'이라고 강조했다. "한 부자가 있다. 그는 커피전문점에 가서 커피를 마실 때 한 잔을 사서 둘이 나눠 마신다. 우리가 커피전문점에서 하루에도 두세 잔씩, 그것도 남겨가며 마시는 것과는 다르다. 그의 이런 습관이 그를 부자로 만들어준 것이다. 커피 한 잔만 줄여도 1년이면 120만 원의 종잣돈을 마련할 수 있다"고 예를 들었다.

4. 지금부터 아바타(추가 수입)를 늘려 창업을 준비하라

신 부센터장은 '아바타는 나를 대신해서 수입을 올려줄 수입처'라면서 "일반인은 보통 월급 하나에 의존해서 생활하지만 부자들은 수익형 부동산, 금융자산, 주식 배당 등 다양한 수입처를 가진다. 지금부터라도 하나 이상의 아바타를 준비해야 한다"고 강조했다.

5. 경제신문, 방송을 꾸준하게 보고 창업을 공부하라

신 부센터장은 경제신문을 읽는 습관을 들이라고 강조했다. "부자들은 신문을 5~7개씩 읽는다. 경제신문은 전체적인 경제의 흐름을 읽는 것은 물론 아이템을 찾는 데에도 큰 도움을 준다. 시간 날 때 신문을 읽어야 한다. 가장 좋은 것은 두세 개의 경제신문을 읽는 것이다. 그게 어렵다면 최소한 하나는 읽어야 한다.

그 돈도 아끼고 싶다면? 그렇다면 지하철 선반에서라도, 쓰레기통에서라도 주워서 읽어라. 스마트폰에서 접하는 단편적인 뉴스는 도움이 되지 않는다. 스마트폰은 너무 작아서 전체를 볼 수 없을 뿐만 아니라 팝업 형식으로 뜨는 기사는 낚시성 기사라 도움이 되지 않는다"고 덧붙였다.

6. 지갑부터 꼼꼼하게 관리하라

대부분 부자의 지갑은 1만 원권 지폐보다 5만 원권 지폐로 채워져 있으며 접힌 지폐는 반듯하게 펴서 깔끔하게 정리해 놓은 경우가 대부분이라고 한다. 부자들이 돈을 대하는 태도는 매우 진지한데 그런 자세가 지갑 속의 지폐를 다루는 태도에도 고스란히 나타난다는 것이다.

"부자들은 지갑 속 수입과 지출, 현재 잔액을 정확하게 파악하는 것이 중요하다고 입을 모은다. 지갑 속에 얼마가 들어있는지도 모르는데 재무 상태를 똑바로 파악한다는 건 불가능하다는 것이다. 또 자녀에게 용돈을 줄 때도 그들은 반드시 자신의 지갑에서 직접 돈을 꺼내준다.

부자들은 절대 자신의 지갑을 다른 사람에게 맡기지 않는다. 자신의 지갑을 자신의 책임하에서 통제한다. 작은 돈부터 큰돈까지

철저하게 관리하기 때문에 큰 자산도 현명하게 관리할 수 있는 것
이다"라고 덧붙였다.

7. 가족이 내 편이다

창업을 할 때 가족하고 장사를 시작하는 경우가 많다. 신 부센
터장은 가족과의 사업은 성공 확률을 높이는 수단이지만 단, 가족
과의 사이가 좋아야 한다는 조건을 붙였다. 부부의 경우, 둘 중 씀
씀이가 큰 사람보다는 씀씀이가 작은 사람이 통장을 관리해야 하
며 지금부터 자금관리를 누가 할지 정하라고 권유했다.

성공한 장사꾼들의 사례

1. 이성연 청년떡볶이 대표

이성연 대표는 고등학교 졸업 후 택배 기사, 콜센터 직원, 막노
동 등 10개가 넘는 직장을 전전하다 정주영 회장의 자서전을 읽
고 만두집을 창업했다. 개업 후 만두집은 하루 500만 원의 수익을
올릴 정도로 대박이 났지만 여름이 되고 1년도 되지 않아 망했다.

장사가 망한 후 맷집을 키워서 다시 도전한 청년떡볶이는 1년
만에 분점이 60개가 됐다. 그에게서 배울 수 있는 점은 한 번에 모
든 것을 쏟아붓지 않았다는 것이다. 실패를 두려워하지 않되 올

인하면 안 된다. 퇴직금을 모두 쏟아붓고도 또 그만큼 대출받아서 사업하는 사람이 있다. 그들은 퇴직 전 회사에서의 지위만 생각하고 많은 돈을 들여 직원도 고용하고 사업에 올인한다. '한 방 노리다가 한 방에 망하는 꼴'이 되는 것이다.

성공하는 이들은 자기 돈을 거의 안 들인다. 커피전문점을 하더라도 중고 머신을 사면서 원가를 줄이는 것을 중시한다. 이성연 대표의 경우 본인 키보다 짧은 이불을 3년간 덮으면서 종잣돈 5,000만 원을 모아 성공의 기틀을 마련할 수 있었다.

2. 최성호 웃어밥 대표

최성호 대표의 경우 앞서 얘기했던 경험의 힘을 중요시해, 동업할 사람을 모은 후 양식, 한식 등 각자 다양한 음식점에 흩어져 경험을 쌓게 했다. 그런 경험을 바탕으로 그가 창업한 웃어밥의 최고 무기는 상호에도 나와있는 웃음이다.

스마일은 하루아침에 되는 것이 아니었다. '잘 웃는 것은 상대방에게 50점을 기본적으로 따고 들어가는 것'이라는 생각을 가진 그는 끊임없이 웃는 연습을 했고 고객의 컴플레인에도 진심 어린 사과를 해 성공을 거두고 있다.

3. 샵인샵 전략을 택한 미장원 아주머니

미장원에서 일하는 한 아주머니의 경우 추가 수입을 거두기 위해 미용실을 방문한 단골들에게 접시 세트를 하나씩 파는 전략을 세웠다. 그렇게 조금씩 종잣돈을 마련한 그녀는 남편과 주말이면 차에 기름을 두 번 가득 채울 정도로 발품을 팔면서 경매 물건을 보러 다녔다. 이렇게 조금씩 재산을 늘려가 결국 100억 원대 자산가가 됐다. 점포 내에서 다른 수익을 얻을 방법을 고민해 보아야 한다.

Seoul
Money
Show

Part
04

국가대표 은행 PB들의
초저금리와
100세 시대 재테크

신한·우리·하나은행 대표 PB – 연광희, 박승안, 강원경
국민·기업·외환은행 대표 PB – 공성율, 이영아, 심기천
신한·우리·씨티은행 대표 PB – 심종태, 신현조, 이진성

국가대표 은행 PB들의
초저금리와 100세 시대 재테크

신한·우리·하나은행 대표 PB
연광희, 박승안, 강원경

평생 월급 통장 만드는 비법

"30년 일해서 번 돈으로 50년을 더 살아야 하는 100세 시대, 평생 월급 통장을 만들어 준비하자."

연광희 신한은행 PB팀장은 은퇴 이후에도 꾸준히 월급을 받을 수 있도록 일찍이 금융자산에 투자해야 한다고 강조했다.

연광희 신한PWM잠실센터 PB팀장

1. 주식 투자 비중 늘리자

2013년에 발표된 한국 부자들의 금융자산 포트폴리오를 보면 현금 및 예·적금 비중이 무려 46%에 달한다. 반면 주식 15.6%, 펀드 12.2%를 포함한 투자 상품 비중은 54%에 그쳤다.

연 팀장은 "국내 많은 부자들이 아직도 자산의 절반 가까이를 현금과 예·적금에 묻어두고 있다"고 말했다.

반면 전 세계 부자들의 포트폴리오에서 현금과 예금이 차지하는 비중은 20%대에 불과하다. 글로벌 부자들은 대부분 자산을 주식, 채권, 부동산 등에 투자하고 있다.

상품·국가별로 자산을 배분하자

지난 수십 년간 미국 주식 시장과 국내 주식 시장 가격을 그린 그래프를 보면 공통점은 모두 '우상향' 했다는 점이다. 때때로 변동성이 있었지만 지난 10년간 상품 수익률을 봤을 때도 예금이 4%에 불과했던 데 비해 주식은 14%로 3배 이상 높았다.

2014년 펀드슈퍼마켓의 조사 결과에 따르면 지난 5년간 투자 수익률이 가장 높았던 상품이 펀드였고, 그 다음이 주식이었다. 연 팀장은 "펀드, 주식 등 상품별뿐 아니라 선진국, 신흥국 등 국가별로, 심지어 원자재로까지 자산을 배분하면 손실 위험을 줄일 수 있다"고 강조했다.

2. 100세 시대 평생 월급 통장 만드는 비법

부부가 은퇴한 후 안정적인 삶을 유지하려면 월평균 300만 원, 보다 풍요로운 삶을 유지하려면 600만 원이 있어야 한다는 조사 결과가 있다. 국민연금으로 매달 100~150만 원을 받을 수 있다고 가정해도 그 배 이상을 더 벌어야 안정적인 삶을 유지할 수 있다는 얘기다.

종신연금보험으로 죽을 때까지 월급 받자

연 팀장이 100세 시대 평생 월급 통장을 만들기 위해 반드시 가입해야 한다는 추천 상품은 '종신연금보험'이다. 5억 원을 가입하면 매달 200만 원을 받을 수 있다는 설명이다. 특히 100세까지 보장하는 종신연금보험은 중도에 사망해도 남은 연금을 자식에게 상속할 수 있다. 연 팀장은 "매년 수명이 늘면서 보험사가 보험료를 올리기 때문에 빨리 가입할수록 유리하다. 한도에 관계없이 비과세 혜택도 받을 수 있다"고 추천했다.

월지급식 ELS 펀드로 월급 벌자

월지급식 주가연계증권(ELS)은 기준 주가가 40% 이하로 떨어지지 않으면 매월 이자를 꾸준히 받을 수 있는 투자 상품이다. 연팀장은 "1억 원을 넣고 다음 달 코스피200이나 H지수가 40% 이하로 떨어지지 않으면 세전 40만 원을 꼬박 받을 수 있다. 3년이 지나서 40% 이상 하락하지 않으면 원금도 받을 수 있다. 투자 상품이라 원금 손실 가능성이 있지만 현재 주가가 40% 이상 떨어지기는 쉽지 않을 것"이라고 귀띔했다.

기존 펀드도 중도 해지하지 않으면서 매월 일정 수익을 지급받을 수 있는 '월지급식 서비스'를 이용하면 현금 흐름을 관리하기 쉽다.

크레바스 예금과 보험 결합해 수익률 높이자

은퇴할 때까지 5~10년 정도 시간이 있는 소비자라면 정기예금의 원금과 이자를 매월 월납 보험에 넣어서 복리와 비과세를 추구하는 상품에 가입하면 좋겠다고 연 팀장은 추천했다. 그는 "월납 보험은 5년 납 10년 만기로 하면 비과세인 데다 예금 수익률도 높일 수 있다"고 말했다.

"타이밍은 아무도 알려주지 않는다. 부
자가 되고 싶다면 위기를 참고 버텨라."

박승안 우리은행 투체어스 강남센터장
은 본인만의 투자 '타이밍'을 지키는 것이
투자수익률을 높이는 지름길이라고 강조
했다.

박승안 우리은행 투체어스
강남센터장

1. 트렌드를 읽어라

과거에는 경기 호황과 불황이 주기적으로 반복됐는데 최근에는
성장의 고점에 도달했다가 훅 떨어지는 식의 변동성이 심해졌다.
1997년 외환위기와 2007년 글로벌 금융위기가 대표적인 예다.
그럼에도 불구하고 박 센터장은 기다려야 한다고 강조했다. 그는
"버블은 늘 생겼다 꺼졌다 반복한다. 위기에도 버틸 줄 알아야 종
국에 돈을 벌 수 있다"고 말했다.

내가 잘 아는 것에 투자하라

박 센터장은 "복잡한 용어에 휘둘리지 말라. 눈에 보이는 것, 본
인이 제일 잘 아는 데 투자하라"고 조언했다. 신세계 주식을 예로

들어보자. 2000년대 주당 1만 원 하던 주식이 2010년 70만 원대로 70배 가까이 올랐다. 그는 "70만 원이 될 때까지 안 팔고 버틴 사람은 신세계 일가밖에 없더라. 회사를 잘 아느냐 모르느냐에서 출발하는 것이 바로 주식 투자"라고 강조했다.

박 센터장은 "남한테 들은 얘기만 믿고 투자해서는 항상 깨진다. 중국 소비자들에게 화장품이 인기를 끌면 아모레퍼시픽 주식을 사야겠다고 생각하는 것이 낫다"고 설명했다.

2. 분산 투자하라

박 센터장은 주식 투자할 때도 환율에 늘 신경 써야 한다고 강조했다. 그는 "외국인 투자자 입장에서 국내 주가지수가 떨어진다고 해도 환율이 떨어지면 이득이다. 주가를 볼 때 외국인 투자자 입장에서 환율을 늘 같이 봐야 한다"고 설명했다.

투자할 때 통화자산을 배분하는 것도 중요하다. 박 센터장은 "북한발 위기가 발생하면 원화 값은 폭락하게 될 것이다. 달러자산도 일정 비율 갖고 있는 것이 안전하다"고 추천했다.

열심히 일하는 것도 투자

박 센터장은 저금리 시대에 적은 월급이라도 꼬박 받을 수 있는 일자리가 최고의 재테크라고 강조하기도 했다. 현재 예금 금리로는 10억 원을 예금해도 다달이 받을 수 있는 돈이 120만 원이 채 안 된다. 박 센터장은 "200만 원 월급을 받는다면 금융자산 20억 원을 갖고 있는 거나 다름없다. 초저금리 시대일수록 정기적인 소득을 유지하는 것이 중요하다"고 말했다.

3. 우리 가족 주식회사를 만들라

박 센터장은 가족 구성원의 수입과 지출, 재산을 모두 따져보는 작업이 재테크의 출발점이 돼야 한다고 강조했다. 그는 "가족의 자산 상태를 정확히 객관적으로 파악한 다음에 꼭 필요한 상품이 뭔지 따져서 전문가 추천을 받는 것이 유리하다"고 조언했다.

부동산에서 인컴 상품으로

"매월 현금이 들어올 수 있는 투자 상품으로 갈아타라."

강원경 하나은행 PB부장은 부동산 투자 비중을 과감하게 줄이고 매월 현금 흐름을 창출할 수 있는 '인컴'(Income) 상품으로 갈아타라고 강조했다.

강원경 하나은행 여의도 골드클럽 PB부장

1. 부동산 만능 시대는 지났다

강 부장은 부동산 자산에 대한 투자 비중을 자산 대비 50% 이하로 줄이라고 조언했다. 그는 "1~2인 가구 급증으로 소형 아파트 가격은 강세를 지속할 것으로 전망하지만 금리 인하로 임대수입이 줄어들어 별도의 금융 대책이 필수적"이라고 말했다.

부동산 실물자산에 거액을 투자하면 부채 부담이 커질 뿐 아니라 유동성 위기에 부딪힐 수 있다. 강 부장은 "수익률 감소로 제세금 거래비용 부담이 커졌을 뿐 아니라 오피스텔과 상가 수익률이 투자 상품 대비 하회하고 있다"고 설명했다. 그는 부동산도 펀드 상품으로 소액 투자가 가능하다고 추천했다.

2. 중위험·중수익 금융 상품에 주목하라

강 부장은 부동산 자산보다 높은 수익률을 얻을 수 있는 '중위험·중수익 금융 상품'에 대한 투자가 늘고 있다고 소개했다. 지수연계 ELS는 연 5~8% 기대수익률로 꾸준한 인기를 끌고 있으며 하이일드, 브라질 채권 같은 고금리 채권 수요도 커지고 있다.

주가연계증권(ELS)

강 부장은 고위험·고수익 ELS와 구분해서 지수형, 그리고 노낙인 ELS에 투자할 것을 추천했다. 그는 "수익률이 최소 연 3%에서 연 9%까지 나오고 있다. 3년 동안 관찰일이 아니라 만기 가격의 결정일 기초자산 종가만 보는 '노낙인' 상품을 선택하라"고 조언했다.

롱쇼트 펀드, 배당주 펀드

롱쇼트 펀드는 가격이 오를 것 같은 주식은 매수하고, 떨어질 것 같은 주식은 매도해 시장 변동성에 관계없이 절대수익을 추구하는 대표적인 중위험·중수익 상품이다. 강 부장은 "롱쇼트 전략을 활용해 투자하면 주식 시장의 변동성을 낮출 수 있는 효과가 있다"고 설명했다. 연 3~8%의 수익을 추구한다고 보면 된다. 그는 "단 과거 수익이 미래 수익을 보장하지 않고 어떻게 운용하느냐에 따라 수익률이 달라질 수 있다"고 조언했다.

최근에는 우선주, 배당주에 투자해 꾸준한 배당수익을 추구하는 '배당주 펀드'도 인기를 끌고 있다.

고금리 하이일드 채권

국내 채권, 해외 채권에 투자하는 펀드도 인기다. 최근 저금리가 유지되면서 국내 채권형 펀드의 수익은 저조한 편이다. 반면 해외 하이일드 펀드는 연 5~6% 수익률을 기대하면 장기적으로 투자할 만하다는 게 강 부장의 설명이다. 그는 "가입 시점에 따라 수익률이 마이너스가 날 수 있다. 장기 투자하기에 좋은 대안 상품으로 추천한다"고 말했다.

국민·기업·외환은행 대표 PB
공성율, 이영아, 심기천

세 가지 유망 투자 상품을 잡아라

공성율 국민은행 목동PB센터 PB팀장은 초저금리 100세 시

대를 이길 수 있는 유망 상품으로 3가지

를 강조했다. 국내 주식 시장에서는 가치

주·배당주 펀드를, 베이비붐 세대의 노

후를 위해서는 국내 채권형 펀드를, 글로

벌 저성장을 대비하는 상품으로는 월지급

식 글로벌 인컴펀드를 추천했다.

공성율 국민은행 목동PB센터
PB팀장

1. 국내 가치주·배당주 펀드

국내 주가가 오르려면 주식을 사는 사람이 많아지거나, 기업 이익이 늘거나, 배당을 많이 줘야 한다. 그렇다면 국내 주가는 2015년 하반기에도 오를 것인가. 공 팀장은 다소 회의적인 입장을 보였다.

그는 "당분간 국내 주식 시장은 박스권에서 크게 벗어나기 어려울 것으로 본다"고 말했다. 대기업 수익이 더디게 개선되고 있기 때문에 대세 상승이 어렵다는 설명이다. 이럴 때 주목해야 할 상품이 바로 '가치주'라며 "상대적으로 기업 실적에 비해 주가가 저렴한 가치주나 배당주 펀드에 투자하라"고 추천했다.

2. 국내 채권형 펀드

2015년 베이비붐 세대의 은퇴가 본격화되면서 자산관리에 비상이 걸렸다. 베이비부머 은퇴가 재테크 시장에 중요한 이유는 뭘까? 1960~1970년대 경제 성장을 이끈 주요 인구가 은퇴하면서 경제성장률이 하락하면 기업 수익이 악화되고 주식 시장도 큰 폭으로 조정을 받게 된다.

또 베이비붐 세대가 은퇴 이후를 위해 부동산을 현금화하기 시작하면 부동산 가격도 큰 폭으로 하락하게 된다. 실제로 주요 선진국의 자산 분포를 보면 금융자산이 늘어나는 것을 볼 수 있다. 국내 베이비붐 세대도 은퇴 전까지 금융자산을 장기적으로 늘리는 플랜을 짜야 한다.

베이비붐 세대를 위한 노후 대비 상품으로 공 팀장은 '채권형 펀드'를 추천했다. 공 팀장은 "장기적인 금리 하락 기조로 인해 채권 가격 상승을 기대할 수 있다. 경제 성장이 둔화되면 채권 발행 규모가 줄어들어 공급이 감소하게 된다"고 설명했다. 국내 주요 채권형 펀드의 수익률은 연 3~7%를 기록하고 있다.

3. 월지급식 글로벌 인컴펀드

전 세계적으로 저성장·저금리가 유지되면서 정기적으로 받을 수 있는 '소득(Income)'에 대한 관심이 커지고 있다. 공 팀장은 "저성장 국면에서는 투자의 초점이 시장 경기보다 개별 기업에 맞춰질 수밖에 없다. 그에 따라 배당소득(Income gain)이 주목받게 된다"고 설명했다.

우리보다 일찍 저금리·고령화와 분투하고 있는 선진국뿐 아니라 아시아 주변국에는 월지급식 펀드가 대세를 이루고 있다. 공 팀장은 "부동산 임대수익이 아무리 높다고 해도 연 수익률로 따지면 4~5%에 불과한 수준이다. 좀 더 높은 정기 소득의 대안으로 전

세계가 인컴펀드에 주목하고 있다"고 소개했다.

일례로 공 팀장이 제시한 통계에 따르면 일본 공모펀드 전체에서 월지급식 펀드가 차지하는 비중은 60%, 대만은 55%에 달한다. 반면 국내 공모펀드 전체 중에서 월지급식 펀드 비중은 아직 1%대에 불과하다. 그 정도로 한참 뒤처져 있다는 얘기다. 그는 "현재 주요 글로벌 인컴펀드 수익률은 최저 3~8%를 기록한다. 저금리·고령화에 대처하기 위해 월지급식 인컴펀드 투자 비중을 늘려야 한다"고 말했다.

적립식 투자로 이겨내자

이영아 IBK기업은행 WM사업부 수석애널리스트는 저금리·저성장 시대의 노후 대비를 위해 월급의 일부를 꼬박

이영아 IBK기업은행 WM사업부 수석애널리스트

꼬박 적립식 상품에 투자하는 습관을 들여야 한다고 강조했다.

1. 부동산은 실수요자만 사라

우리나라는 자산의 75%가 부동산에 편중돼있다. 수도권 거주

자 500명을 대상으로 조사했더니 당장 현금으로 쥐고 있는 돈은 2,000만 원에 불과하다는 결과도 나왔다. 이런 와중에 가족 중 누군가가 암이라도 걸리면 당장 병원비 문제가 생긴다.

이 수석애널리스트는 "2017년까지 부동산 경기가 좋을 것으로 예상하고 있다. 단 부동산은 주식처럼 사고팔기가 쉽지 않기 때문에 투기용으로 사는 것은 적절하지 않다. 집을 팔아야 하는 사람은 2017년까지 천천히 파는 것이 좋겠지만, 사야 할 사람은 실소유 목적으로만 사라"고 조언했다.

2016년 금리 인상에 대비하자

미국과 유럽이 양적완화 정책을 추진하면서 그동안 이들 국가뿐 아니라 이들 국가에 수출하는 나라들도 수혜를 입었다. 하지만 2015년 하반기에 미국이 금리를 인상할 것으로 전망한다. 이 수석애널리스트는 "미국이 금리를 올리면 달러 가치가 오르고, 외국인 투자자들이 국내에서 빠져나갈 수 있다. 자산 가격이 출렁일 것으로 예상한다"고 말했다.

미국을 따라 양적완화 정책을 시행한 유럽은 앞으로도 강도 높은 양적완화 정책을 시행할 것으로 본다. 유럽의 양적완화로 수혜를 받는 곳은 유럽에 제일 많이 수출하는 중국이다. 이 수석애널리스트는 "유럽 경기가 좋아지면 시차를 두고 중국 경기도 좋아질 것이다. 유럽의 양적완화 정책이 성공하는지 여부를 잘 지켜봐야 한다. 2015년 3분기까지 유럽과 중국 경제 성장의 시그널이 나타나지 않으면 리스크 관리를 강화할 필요가 있다"고 말했다.

국내 주식 시장에 대해서도 관망세를 유지했다. 이 수석애널리스트는 "2015년 경제성장률 예상치가 3%대 초반대로 계속 떨어지고 있다. 2015년 3분기 성적표를 확인해야 한다"고 조언했다. 미국 금리 인상의 여파로 우리나라는 2016년 상반기에 시중금리가 오를 것으로 내다봤다. 이 수석애널리스트는 "은행 예금은 1년 단기로 가입해 내년에 갈아타길 추천한다. 대출은 금리가 낮을 때 고정금리로 갈아타는 게 좋겠다"고 말했다.

2. 추천 금융 상품

시중은행 예금 금리가 연 1%대로 떨어지면서 예·적금의 투자 매력이 줄어들고 있다. 그럼에도 불구하고 아직 남아있는 고금리 상품이 있다. 이 수석애널리스트는 그 중에서도 주택청약저축을 추천했다. "2년 이상 가입하면 연 2.8%를 받을 수 있는 효자 상품이다. 사회 초년생들이 종잣돈을 마련하기 위해 꼭 가입해야 할 상품"이라는 말도 덧붙였다.

예·적금은 은행 창구보다 스마트폰으로 가입하면 더 높은 금리를 받을 수 있다. 이 수석애널리스트는 "적금을 가입하려 한다면 스마트폰 전용 적금을 추천한다. 은행 수지에 안 맞아 조만간 사라질 수 있기 때문에 최대한 빨리 가입하는 게 좋다"고 말했다.

적립식 펀드

이 수석애널리스트는 시장 변동성과 무관하게 오래 투자할수록 수익률을 높일 수 있는 '적립식 펀드'로 종잣돈을 모으라고 추천했다. 그는 "'주가가 올랐다, 내려갔다'라는 해석은 거치형 상품에만 해당된다. 적립식 펀드는 언제 가입했는지가 중요하지 않다"고 설명했다. 적립식 펀드에 가입하면 알아서 평균 매입 단가를 낮춰주기 때문이다. 예를 들어 1994년 주식 시장 최고점에서 10년 동안 매월 적립식으로 투자했다고 가정해보자. 10년 지난 2004년 적립식 펀드 수익률은 145%에 달한다. 반면 당시 거치식으로 한 번에 목돈을 넣었다고 치면 수익률이 -24%로 추락한다.

그는 "적립식 펀드는 3년 이상 꾸준히 불입하고 신문에 주식이 좋다는 기사가 나오면 그때 팔고 나오면 된다. 자녀에게도 용돈 대신 월 10만 원씩 적립식 펀드에 투자해주면 나중에 증여 고민도 해결하고 수익률도 높일 수 있다"고 추천했다.

달러 ELS로 포트폴리오를 분산하자

심기천 외환은행 영업부WM센터 수석PB팀장은 2015년 유망한 투자 지역으로 유럽, 중국, 한국 시장을 꼽았다. 미국 금리 인상에 따른 달러 가치 상승에 대비해 '달러' 자산에 대한 투자도 늘리라고 추천했다.

심기천 외환은행 영업부WM센터 수석 PB팀장

1. 돈을 굴릴 때 4가지 원칙을 기억하자

심 팀장은 은퇴를 앞둔 투자자들을 위해 4가지 투자 원칙을 제시했다. 첫째, 월지급식 상품을 활용하라는 것이다. 직장을 다닐 때는 모르지만 은퇴하고 나면 매월 꼬박꼬박 나오는 돈이 매우 중요하다. 안정적인 생활을 유지할 수 있게 해주기 때문이다.

두 번째, 절세 상품에 주목해야 한다. 심 팀장은 "돈을 아무리 벌어도 많이 나가면 아무 소용이 없다. 세금을 통제할 수 있는 상품에 투자해야 한다"고 조언했다. 2억 원까지 10년 이상 유지하면 비과세 혜택을 받을 수 있는 즉시연금이 대표적인 상품이다. 이 밖에도 주식 차익이나 환차익이 비과세라는 점을 유념해 상품을 고르자.

세 번째로 물가를 이기는 상품에 투자해야 한다. 현재 연 1% 정기예금은 세금을 제하고 나면 물가 상승률보다 높은 수익률을 얻을 수 없다. 정기예금에 안주하지 말고 물가 상승률보다 높은 수익률이 기대되는 상품에 투자해야 한다.

마지막으로 지나치게 높은 수익을 추구해서는 안 된다. 리스크를 잘 통제하는 게 안정적인 수익률을 유지하는 방법이다. 심 팀장은 "중위험·중수익 상품에 투자하라"고 조언했다.

2. 유럽, 중국, 한국 시장에 주목하라

2015년 양적완화를 본격적으로 추진하기 시작한 유럽을 추천 순위에 올렸다. 그리스의 유로존 이탈을 뜻하는 '그렉시트'라는 변수가 남아있지만 2015년 하반기 이마저도 봉합되면 한 단계 성장할 가능성이 높다는 분석이다. 심 팀장은 "그리스 국민 대다수가 유로존에 남아있길 원한다. 유럽은 이제 돈을 풀기 시작했기 때문에 성장할 가능성이 높다"고 말했다.

중국은 공산당 정부의 의지에 따라 시장 상황이 바뀔 수 있다. 일단 심 팀장은 중국 정부의 경기 부양 의지가 확고하다고 평가했다. 그는 "증권 시장으로 자금을 유인하기 위해 후강퉁을 시행한데 이어 2015년 하반기 선강퉁까지 시행해 중국과 홍콩 증시 간 교차 거래가 증가할 것으로 본다"고 밝혔다.

유럽과 중국 호황의 덕을 가장 많이 보게 될 국가가 바로 한국이다. 심 팀장은 "유럽과 중국 등에 수출을 많이 하는 한국도 좋아질 것으로 예상한다"고 말했다.

3. 5억 원 있다면 10%는 달러 ELS에 투자

결과적으로 5억 원이 있는 자산가라면 포트폴리오를 어떻게 짜야 할까? 심 팀장은 "일단 월지급식 주가연계신탁(ELT)과 즉시연금보험에 1억 원씩 가입해 매월 일정한 수입을 마련한다. 그리고 가장 큰 규모로 1억 5,000만 원을 2015년 전망이 제일 밝은 유럽 주식에 투자한다"는 조언을 내놓았다. 비과세인 국내 주식형 펀드도 5,000만 원 투자해 포트폴리오를 분산하면 좋겠다고 덧붙였다. 심 팀장은 "주식 시장이 박스권을 유지하더라도 배당주 펀드는 유망할 것으로 예상한다"고 말했다.

마지막으로 심 팀장은 최근 출시된 '달러 ELS'를 강력히 추천했다. 그는 "현재 달러 예금 금리가 0.5%인데 ELS 형태로 가입하면 2~4.5%의 8배 높은 수익을 낼 수 있는 기회가 생긴다. 또 앞으로 강세가 예상되는 달러 환차익도 기대할 수 있다. "환율이 걱정된다면 선물환으로 헤지하면 된다"는 조언도 아끼지 않았다.

3

신한·우리·씨티은행 대표 PB
심종태, 신현조, 이진성

ELS 이렇게 투자하라

"상품 수익률이 얼마나 되나요?" 많은 투
자자들이 목표수익률을 보고 상품을 고른다.
목표수익률이 높으니까 좋은 상품이라는 식
이다. 하지만 더 중요한 것은 목표수익률 이
면에 있는 '리스크'다. 목표수익률이 아무리

심종태 신한은행 신한PWM
분당센터 PB팀장

높더라도 달성할 확률이 낮다면 아무 소용이 없다는 얘기다.

심종태 신한은행 신한PWM분당센터 PB팀장은 "목표수익률이 높은 상품보다 목표수익률이 나올 확률이 높은 상품을 골라야 한 다"고 강조했다. 예를 들어 목표수익률이 10%인데 달성 확률이 20%인 상품 A와 목표수익률이 8%인데 달성 확률이 80%인 상품 B가 있다고 하자. 현명한 투자자라면 상품 B를 고르는 게 합리적 이다. 목표수익률이 조금 낮더라도 수익을 달성하는 게 더 중요 하기 때문이다. 이처럼 목표수익률은 아주 높지 않지만 달성 확 률이 높은 상품이 바로 '주가연계증권'(ELS)이라는 게 심 팀장의 설명이다.

1. 왜 주가연계증권(ELS)인가?

일반 주식형 상품은 주가가 오르면 이익을 얻어 좋지만 주가가 떨어지면 온전히 손실을 보게 돼 위험하다. 반면 ELS는 주가와 연계된 상품인데도 불구하고 주가가 오른다고 이자를 주지 않는 다. 오히려 주가가 얼마나 하락하지 않느냐에 베팅하는 상품이다. 주가가 특정 지점까지 하락하지 않으면 약속한 수익을 제공한다.

예를 들어 주가가 30%까지 하락하지 않으면 20% 수익을 주는 상품 A가 있고, 50%까지 하락하지 않으면 15% 수익을 주는 상품 B가 있다고 하자. 둘 중 어떤 상품에 투자하는 게 맞을까?

기대수익률은 낮지만 달성 확률이 높은 B상품에 투자하는 게 맞겠다. 심 팀장은 "주식과 펀드는 가입했다가 40%까지 빠지면 온전히 손실을 보게 되지만 ELS는 40%까지 빠지지 않으면 수익이 나는 구조다. 주가가 빠져도 수익을 낼 수 있으니 좋다"고 설명했다.

또 주식이나 펀드는 3년이 지났다고 주가가 3년 치 한꺼번에 오르지 않는다. 하지만 ELS는 1년, 2년, 3년 지날수록 연평균 수익을 누적해서 지급하기 때문에 장기 투자에 유리하다.

2. 월지급식 ELS로 종합과세 절세

종합소득과세 대상자인 자산가들은 월지급식 ELS에 가입하면 절세 효과도 누릴 수 있어 이득이다. 해마다 한꺼번에 나올 이자를 매달 받게 되는 것이다.

예를 들어 한국, 홍콩, 유럽 주가가 모두 기준가 대비 60% 이상이면 수익을 얻는 ELS에 가입했다고 가정하자. 현재 코스피지수가 2,200포인트라고 가정했을 때 다음 달 코스피지수가 1,320포인트(60%)까지 내려가지 않으면 이자를 준다.

심 팀장은 "한 달 새 국내 주가지수가 반 토막 날 확률은 매우 적다. 연 6% 수익을 가정했을 때 1억 원을 투자하면 한 달에 50만 원을 받을 수 있게 되는 셈"이라고 말했다. 하지만 2년이 지나서도 60% 이하로 떨어지지 않을지는 확신할 수 없다. 심 팀장은 "만약에 2년 뒤 이 3가지 지수 중 하나라도 60% 이하로 빠지면 해당 달은 이자를 받지 못하겠지만 다시 오르면 그 달에는 이자를 받을 수 있다"고 설명했다.

3. ELS 고르는 방법은?

ELS가 '정기예금+알파(α)' 수익률을 기대할 수 있는 중위험·중수익 상품으로 각광받으면서 시장에 엄청나게 많은 종류의 ELS 상품이 나와있다. 이 중에서 어떤 ELS를 골라야 안정적인 수익을 얻을 수 있을까? 심 팀장은 "기초자산은 개별 종목보다 주가지수로 하고, 만기 때 상환 조건이 60~65% 아래인 상품이 손실 위험이 적다"고 추천했다.

마지막으로 낙인 여부도 눈여겨봐야 한다. 심 팀장은 " '노낙인'을 택해야 한다"고 강조했다. 낙인은 3년 중 하루라도 60% 아래로 떨어졌는지 계속 관찰하는 조건이지만 노낙인은 3년이 지난 후 만기일에만 60% 아래로 떨어졌는지 관찰하기 때문에 원금 손실 위험이 적다. 심 팀장은 "기초자산, 만기 상환 조건, 노낙인 이 3가지를 유념해서 선택하라"고 조언했다.

적금 대신 적립식 펀드에 가입하라

정기예금 금리가 연 1%대로 떨어지
면서 시중은행에서 고금리 상품을 찾
기가 어렵다. 그나마 연 3%대 정기적
금이 유일한 고금리 상품이다. 하지만
신현조 우리은행 투체어스 잠실센터
부지점장은 "적금 금리에 혹해서는 안

신현조 우리은행 투체어스
잠실센터 부지점장

된다. 적립식 펀드에 투자해야 한다"고 강조했다.

1. 적립식 펀드가 유리한 이유?

정기적금 금리 연 3%, 언뜻 보기에는 정기예금 금리보다 훨
씬 높아 보이지만 실상은 다르다. 월 100만 원씩 1년간 투자했다
고 가정했을 때 총액 1,200만 원에 대해 연 3%를 제공하는 게 아
니기 때문이다. 입금 시기에 따라 수익률을 계산하기 때문에 첫
달 입금한 100만 원에 대해서는 연 3%가 온전히 적용되지만 마
지막 달에는 연 3%의 12분의 1 이자가 적용된다. 신 부지점장은
"연 3%라고 해도 총액에 대한 실제 수익률은 연 1%대에 불과하
다"고 말했다.

반면 적립식 펀드는 주식을 사는 시기와 종목을 분산할 수 있기

때문에 장기 투자하면 복리 효과를 톡톡히 누릴 수 있다. 예를 들어 2008년 금융위기 때 적립식 펀드에 가입했던 투자자는 당시 주가가 빠졌음에도 불구하고 1년 만에 원금뿐 아니라 정기예금 이상의 수익을 냈다.

하지만 당시 거치식으로 5,000만~1억 원의 목돈을 부었던 투자자들은 마이너스 수익률을 면치 못했다. 신 부지점장은 "주가가 떨어지든 오르든 꾸준하게 분산 매입해 연평균 안정적인 수익률을 유지하기 때문이다. 장기 투자할수록 수익률이 배로 증가하게 된다"고 설명했다.

신 부지점장은 본인의 경험을 예로 들면서 적립식 펀드도 주기별로 나눠서 관리하라고 조언했다. 그는 "3~5년 정도 주기로 목표수익률을 달성하면 매도하는 적립식 펀드와 1년 내 단기로 수익률이 날 때마다 매도하는 적립식 펀드 2가지로 구분해 운영하고 있다"고 말했다. 시장 상황에 따라 가격 변동이 예상되는 자산은 단기로 운영한다. 신 부지점장은 "최근 중국, 유가천연자원 펀드에 투자해 두 자릿수 수익률을 달성했다. 적립식 펀드도 단기·중기로 나눠서 투자하길 추천한다"고 말했다.

2. 경기 사이클 보면서 투자수익률 높이자

경기 사이클을 가만히 살펴보면 어디에 어떻게 투자해야 할지 가늠할 수 있다고 신 부지점장은 강조했다. 경기 사이클에 따라 자산 가격이 다르게 움직이는 경향이 있기 때문이다.

경기 사이클은 경기 회복기, 확장기, 하락기, 침체기 등 4가지로 구분해 볼 수 있다. 주식 시장은 경기 사이클에 선행하므로 경기 회복 국면에 들어서기 전에 상승하는 경향이 있다. 반면 경기가 정점을 찍기 전에 하락 추세로 전환한다. 경기가 침체에서 벗어나 확장기로 접어들게 되면 금리가 상승해 채권 가격이 하락하게 된다. 반면 경기가 하락하게 되면 금리가 하락하면서 채권 가격이 상승한다.

신 부지점장은 미국이 현재 경기 회복기에서 확장기로 넘어가는 단계에 있다고 설명했다. 그는 "경기 회복기에는 경제지표들이 다 좋게 나오기 때문에 정부에서 금리를 올리려고 하고, 기존에 경기 부양을 목적으로 시장에 풀었던 돈을 회수하는 출구전략을 쓴다. 기관 중심으로 주식을 매수하는 한편 채권은 반대로 움직여 채권 가격은 하락한다"고 설명했다.

현재 미국 경제를 보면 이 같은 상황을 잘 이해할 수 있다. 신 부지점장은 "현재 미국의 주식과 채권 가격이 모두 하락한 상황"이라고 말했다. 그는 "미국은 과거 1~2년 전에 투자해서 이득을 많이 보고 나온 상황이다. 새로 미국 시장에 투자해도 되느냐는 질문에는 중립적인 입장"이라고 말했다.

신 부지점장은 "각 국가의 경기 사이클을 읽으면 전문가 도움을 받지 않고도 어떤 자산에 투자해야 손실을 줄일지를 스스로 판단할 수 있다"고 강조했다.

신문으로 숲을 보라

이진성 한국씨티은행 CPC강남센터 부지점장은 개별 상품 전망에 현혹되지 말고 자산 고유의 특성과 변동성을 분석할 줄 알아야 한다고 조언했다.

경기 흐름을 아는 데 가장 유용한 도구

이진성 한국씨티은행
CPC강남센터 부지점장

가 바로 신문이다. 이 부지점장은 "각종 투자 아이디어를 매일 읽은 신문에서 얻고 있다. 개별 상품 수익률 정보가 아니라 해외 각국의 이슈나 이벤트들을 통해 경기 변동을 예측하고 포트폴리오를 조정하라"고 말했다.

1. '모멘텀 투자'에는 '절제'가 필수

일반 투자자들은 개별 기업이나 금융 상품의 가치를 정확히 파악하기 어렵다. 그렇기 때문에 장세가 상승세냐 하락세냐를 따지고 시장 심리나 분위기를 파악해 '따라잡는' 투자를 할 수밖에 없다. 이른바 '모멘텀 투자'다. 모멘텀 투자에서는 정보나 분석력뿐 아니라 '절제'가 가장 중요하다고 이 부지점장은 강조했다. 그는 "따라가는 투자를 할 때는 계속 따라가면 안 되고 정점을 찍기 전에 절제하고 나올 수 있어야 한다"고 말했다. 그것이 바로 변동성을 활용하는 기술이다.

자산별로 변동성의 정도가 다르다. 예를 들어 차이나 펀드가 최근 ±35%를 오르락내리락하고 원자재 펀드가 ±30%를 오르락내리락하는 식이다. 이 부지점장은 "한국 펀드는 ±15~17%, 인컴 펀드는 ±7~8%를 유지하고 있다. 투자자산별 고유의 내재된 위험과 이에 따른 변동성을 알고 있으면, 경기 사이클 변동에 흔들림 없이 지속적인 투자를 통한 목표수익 달성이 가능하다"고 말했다.

2. 경기 순환에 따른 리밸런싱에 신경 써야

투자자산의 특징을 알았다면 경기 순환에 따라 미세조정(리밸런싱) 하는 기술이 필요하다. 경기 확장기에는 인플레이션이 완만하게 진행되고 금리가 인상된다. 이때는 채권·현금을 갖고 있기

보다는 가치주·배당주나 성장주·섹터 펀드 비중을 늘리는 게 유리하다. 반면 경기 침체기로 디플레이션이 예상되고 금리를 인하할 조짐이 보인다면 채권이나 현금 비중을 늘리는 게 우선이다. 이 부지점장은 "경기 사이클에 맞춰 포트폴리오 비중을 조절하라"고 주문했다.

3. 통화를 활용하면 포트폴리오 위험 분산

원화자산에만 투자하지 말고 달러 같은 다른 통화로 투자자산을 분산하는 것도 손실 위험을 줄이는 한 가지 방법이다. 이 부지점장은 "한국 주식 시장에서 환율과 주가는 반대로 움직이는 모습을 보여왔다. 증시가 하락세에 들어서면 '안전자산'인 달러가 강세를 보이면서 수익률을 상쇄하는 효과가 발생한다"고 설명했다.

Seoul
Money
Show

Part
05

떠오르는 재테크, 절세와 리파이낸싱

수익률 높이는 부동산 절세의 기술
'소장펀드에서 연금저축까지' 절세 상품의 재발견
'내집마련에서 투자까지' 맞춤형 대출방법

PART 05 떠오르는 재테크, 절세와 리파이낸싱

수익률 높이는
부동산 절세의 기술

떠오르는 세테크, 부동산 절세

'초저금리 시대, 재테크의 기본은 절세에서 시작된다.' 재테크 전문가들이 요즘 흔히들 하는 얘기이다. 고금리 시대와 달리 0.1%의 수익률을 두고 고민해야 하는 저금리 상황에서는 절세가 짭짤한 수익률 상승으로 이어질 수 있다는 말이다.

부동산도 마찬가지이다. 과거와 같이 급격한 가격 상승을 기대하기 쉽지 않다면 세테크를 통해 부동산의 수익률을 높이는 방안도 생각해봐야 한다.

대표적인 부동산 세제 전문가로 꼽히는 원종훈 KB국민은행 WM 컨설팅부 세무팀장이 세테크를 설명하기 위해 2015 서울머니쇼 강단에 섰다.

원종훈 KB국민은행 WM컨설팅부 세무팀장

1. 임대사업자가 두려워하는 2가지 세금

원 세무팀장은 "오피스텔이나 상가를 임대하는 사업자들은 부가가치세와 종합소득세에 대해서 걱정하는 경우가 많다. 이 중 부가가치세는 걱정할 필요가 없다"고 말했다. 문제는 종합소득세라는 것이다.

그렇다면 종합소득세를 줄이는 방법은 무엇일까? 주택을 매각할 때 양도소득세가 비과세되는 경우가 있고, 주택을 임대할 때도 합법적으로 세금이 안 나오는 경우가 있는 것처럼 주택을 임대할 때 종합소득세가 비과세되는 경우가 있다.

2. 종합소득세

2014년 '주택 임대차 시장 선진화 방안'이 발표됐다. 이 정책으로 종합소득세를 줄일 수 있는 방법이 생겨났다. 주택 임대는 전세나 월세 크게 두 가지 형태로 나뉘는데 이 둘을 적절하게 분배하면 비과세 혜택을 받을 수 있다는 것이다.

원 세무팀장은 "1년간 월세 합계나 전세 보증금을 월세로 환산한 금액의 합계가 2,000만 원 이하인 경우에는 과세되지 않고 2017년부터는 단지 14%만 분리과세하게 된다. 임대 소득이 1년에 2,000만 원 이하인 경우에는 건강보험 지역가입자 선정에서도 제외된다"고 설명했다.

3. 정부 정책의 의미

원 세무팀장은 "정부 정책의 의도를 잘 파악해야 한다"고 말했다. 정부의 정책은 어떤 뜻을 담고 있을까? 바로 전세 임대를 늘리라는 뜻이라는 게 원 세무팀장의 해석이다.

월세 기준으로 월 160만 원이 넘으면 종합과세 대상이지만 전세의 경우 보증금 합계 기준으로 16억 원 정도가 되어야 월세로 환산하면 1년에 2,000만 원 정도 나온다. 월세와 전세의 적절한 배분을 통해서 세금을 줄일 수 있는 셈이다.

연말 소득공제에 직장인 월세 세액공제를 하는 것도 숨은 의미가 있다. 국세청은 상가나 오피스텔을 임대할 경우에는 정확하게 세금을 받았다. 세입자들이 사업자등록을 낼 때 임대차계약 사본을 세무서에 제출하기 때문이다.

하지만 주거 형태의 임대차계약은 제대로 확인하기 힘들었다. 이런 공제 혜택은 임대차계약을 수면 위로 올리기 위함이다. 세액 공제 대상이 아니어도 월세에 대한 현금영수증을 받으면 공제를 받을 수 있고 집주인이 이를 거부하면 세무서에 임대차계약서 사본을 제출해 국세청에서 발행하는 현금영수증을 받을 수 있다. 예전처럼 세금 안 내고 주택 임대하기는 어려워진 게 현실이라는 것이 원 세무팀장의 의견이다.

4. 주택 임대사업 전에 꼭 알아야 할 것들

원 세무팀장은 "기존에는 5채가 있어야 주택 임대사업이 가능했지만 요즘은 딱 1채만 있어도 임대사업이 가능하다"고 설명했다. 주택 임대사업이 가능한 대상의 폭이 넓어졌다는 것이다.

주택 임대사업을 시작하기 전에 꼭 알아두어야 할 것이 있다. 주택 임대사업을 하면 세금은 줄일 수 있지만 5년 동안 집을 팔 수 없다. 의무 임대 기간을 어기고 제3자에게 주택을 팔면 제재 대상이 될 수 있다. 임대가 아닌 거주 목적으로 주택을 구매한 사람에게는 판매할 수 없다.

주택 임대사업을 할 경우 세무상 혜택

1. 취득세가 감면된다(2015년 일몰)

※ **지방세특례제한법 제31조**

임대사업자가 임대할 목적으로 건축하거나, 최초로 분양받는 공동주택(오피스텔)으로서 아래의 주택

(1) 전용면적 60㎡ 이하의 공동주택 : 취득세 전액 면제

(2) 전용면적 60~85㎡ 이하의 장기임대주택으로 20채 이상을 구입하는 경우 : 취득세 25% 감면

2. 재산세가 감면되고(2015년 일몰), 종합부동산세는 면제된다

※ **지방세특례제한법 제31조, 제31조의 3**
※ **종합부동산세법 제8조, 시행령 제3조**

(1) 전용면적 40㎡ 이하 : 재산세 전액 면제

(2) 전용면적 60㎡ 이하 : 재산세 50% 감면(준공공임대주택 : 75%)

(3) 전용면적 85㎡ 이하 : 재산세 25% 감면(준공공임대주택 : 50%)

3. 임대주택을 3호 이상 임대하는 경우 소득세 (법인세) 감면 (2016년 일몰)

※ **조세특례제한법 제96조**

내국인이 국민주택규모 이하, 기준시가 3억 원 이하의 주택을 3호 이상 임대하는 경우

소득세 또는 법인세의 20%를 감면함(준공공임대주택 : 50%)

4. 6년 이상 임대한 후 매도할 경우, 장기보유특별공제 추가공제

※ **조세특례제한법 제97조의 3, 조세특례제한법 제97조의 4**

매입임대주택 : 6년(20%), 7년(25%), 8년(30%), 9년(35%), 10년(40%)
준공공임대주택 : 8년 이상(50%), 10년 이상(60%)

5. 임대주택 외 거주용 주택을 매각할 때 비과세가 가능하다

※ **소득세법 시행령 제154조**

원 세무팀장은 "주택 임대사업 등록 때 받을 수 있는 세무적 혜택 중 표의 2번과 5번이 주택 임대사업자들에게 도움이 되는 혜택이라고 볼 수 있다"고 설명했다.

2번은 주택 임대사업을 등록하면 재산세를 주택의 면적별로 깎아주고 종합부동산세는 나오지 않는다는 내용이다. 주택 임대사업을 하려는 사람이라면 가장 주의 깊게 봐야 하는 것이다. 5번은 임대주택 말고 내가 가지고 있는 기존 주택에 대한 혜택이다. 수도권 같은 경우에는 면적에 상관없이 기준시가 6억 원 이하면 주택 임대사업으로 묶을 수 있다.

5. 정부의 고민거리 디플레이션

정부가 가장 고민하는 것이 디플레이션이다. 2015년 하반기에 미국 정부가 금리 인상에 나설 가능성이 높다는 기사들이 나옴에도 불구하고 우리는 왜 저금리 기조를 유지할까? 그건 그렇게 해서라도 부동산 경기를 활성화해 경기를 인위적으로 부활을 시키겠다는 취지로 해석될 수 있다는 게 원 세무팀장의 의견이다.

현재 정부에서 주는 세제 혜택과 금리 보전은 엄청난 혜택이고 시장은 자연스럽지 못하게 움직인다. 매매차익을 노리고 투자하는 것은 심각하게 고민해봐야 할 문제이다.

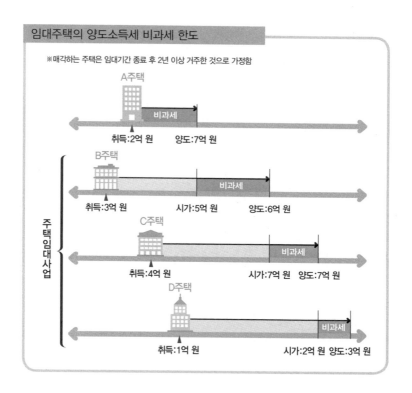

임대주택의 양도소득세 비과세 한도

※매각하는 주택은 임대기간 종료 후 2년 이상 거주한 것으로 가정함

A주택
비과세
취득:2억 원   양도:7억 원

주택임대사업

B주택
비과세
취득:3억 원   시가:5억 원   양도:6억 원

C주택
비과세
취득:4억 원   시가:7억 원   양도:7억 원

D주택
비과세
취득:1억 원   시가:2억 원 양도:3억 원

상속과 증여의 새로운 패러다임

1. 상속세나 증여세의 기준은 시가일까? 기준시가일까?

상속세나 증여세의 세금 계산의 원칙은 시가이다. 부동산을 취득하고 처리하는 과정의 세금에는 양도소득세, 상속세, 증여세, 취득세, 등록세, 재산세, 종합부동산세 등이 있다. 이 중 재산세, 종합부동산세를 제외하고는 모두 시가로 계산하도록 되어있다.

2. 공시가격이 더 유리하다?

공시가는 시가 대비 70% 수준이다. 공시가로 하면 세금이 저렴해지기 때문에 사람들이 선호한다. 하지만 상속과 증여는 공시가격이 유리하지 않다. 상속세와 증여세를 공시가로 측정하면 양도소득세를 감수해야 하기 때문이다.

양도소득세는 실거래가로 계산해야 한다. 공시가로 상속세나 증여세를 계산하면 공시가로 구입한 걸로 간주해서 매매차익이 벌어지면 양도소득세가 엄청나게 많이 부과될 수 있다. 양도소득세는 과세표 기준으로 1억 5,000만 원이 넘으면 41.8%(주민세 포함) 세금을 내야 한다.

3. 상속 vs 증여 어떤 것이 유리할까

원 세무팀장은 "상속세와 증여세는 계산하는 공식과 세율이 같지만 과세하는 방식에 차이가 있고 그것이 세금을 줄이는 포인트"라고 조언했다. 쉽게 얘기하면 상속세는 죽은 사람이 내는 것이고, 증여세는 각자 받은 재산에 대해서만 세금을 내는 것으로 해석할 수 있다.

원 세무팀장은 다음과 같은 예를 들었다. 상속할 돈 100억 원이 있고 100명의 자녀가 있다고 가정하자. 이때 상속세는 100억 원을 기준으로 계산된다. 따라서 상속세는 40억 원 가까이 나오고 남은 자산 60억 원을 100명의 자녀가 나누게 될 수 있다. 반면 100억 원을 100명의 자녀에게 똑같이 나눠준다면 각각 증여세를 450만 원씩 내야 한다. 100명의 자녀의 세금을 다 합해도 4억 9,000만 원밖에 되지 않는다.

원 세무팀장은 "이렇게 증여가 유리한 것은 정부도 알고 있다. 그래서 증여 시점 이후 10년 내에 사망을 하게 된다면 상속자산에 누진세까지 내야 한다"고 설명했다.

'소장펀드에서 연금저축까지'
절세 상품의 재발견

투자와 절세는 같이 가야 한다

2015년 초 연말정산 파동 이후 금융 소비자들의 절세에 관한 관심이 높아졌다. 기준금리 1%대 초저금리 상황에서 이자가 쪼그라들자 절세를 통해 떨어진 이자를 보전해야 한다는 인식이 커졌다. 복잡한 세법을 공부하는 사람들이 늘었고 서점에서 절세 관련 서적을 찾는 직장인들도 심심찮게 찾아볼 수 있다.

2015 서울머니쇼에서 〈절세 상품의 재발견〉 특강에 나선 이상무 신한은행 자산솔루션부 팀장은 단순한 절세만으로는 큰 효과

이상무 신한은행 자산솔루션부 팀장

를 거두기 어렵다고 조언했다. 적절한 자산 배분을 통해 수익을 많이 거둬야 절세 전략도 유효하다는 얘기다. 이를 위해서는 주식과 실물자산(부동산·금), 연금자산을 각각 3분의 1씩 적절히 배분해야 한다는 게 이 팀장의 생각이다. 또 이 팀장은 절세를 위해서는 10년 이상 납입하면 비과세 혜택을 받는 저축성 보험을 최대한 활용하면서 소득공제 효과가 뛰어난 연금저축도 반드시 챙겨야 한다고 주장했다.

1. 60세 은퇴 시점에 맞춰 주식·실물·연금을 준비하라

"은퇴 시점의 자산을 총 15억 원이라고 목표치를 세웠다면 40대쯤부터는 이 자산을 형성할 수 있도록 포트폴리오를 짜야 합니다. 그래야 절세 전략도 세울 수 있습니다."

이 팀장은 60세 은퇴 시점에 도달했을 때 주식·실물자산·연금자산에 각각 3분의 1씩 투자해야 한다고 조언했다.

먼저 그는 수익률 제고를 위해 주식에 3분의 1을 넣어야 한다고 말했다. 주식 시장은 경제성장률이 오르면 함께 오르기 때문

에 현시점에서는 돈을 벌 수 있는 거의 유일한 투자자산이라는 게 그의 판단이다.

2015년 하반기 미국 금리 인상 가능성이 점쳐지고 있지만 이 팀장은 시점만 잘 보면 높은 수익을 얻을 수 있다고 조언했다. 그는 "주가 전망을 살펴보려면 경제 성장 여부를 봐야 하는데 미국 금리 인상 여부가 초미의 관심사다. (2015년 하반기나 2016년 초에) 만약 미국이 금리 인상을 하더라도 주가는 일시적으로 떨어졌다가 (미국 경기 상승세에 따라) 다시 올라설 것으로 보기 때문에 주식을 포트폴리오에 넣을 것을 추천한다"고 말했다. 여기에 유럽과 일본의 양적완화, 중국의 경기 부양도 장세를 호전시키는 요인이다.

그에 따르면 주식 시장을 살펴보기 위해서는 경기와 물가, 금리 등 3가지 요소를 따져봐야 한다. 지금과 같이 3가지 요소가 낮은 시기는 주가가 좋지 않은 시점이다. 하지만 미국 경기가 호전되면 경기가 좋고 물가가 낮으며 금리가 낮은 시점으로 상황이 바뀌게 돼 주식 투자에 적절한 때가 된다고 이 팀장은 설명했다.

금 거래는 비과세, 실물자산도 놓치지 말자

이 팀장은 실물자산 중에서도 금을 추천했다. 금은 위기 시에도 가치가 크게 떨어지지 않아 자산을 보전할 때 유용하기 때문이다.

예를 들어 2008년 글로벌 금융위기 때처럼 전 세계 금융사들이 파산하는 시점에는 정부가 찍어내는 화폐는 종잇장이 될 수도 있다. 하지만 당시에도 금은 그 가치를 유지했고 언제든지 현금으로 바꿀 수 있기 때문에 유용하다는 얘기다.

이 팀장은 "은행권에서 파는 순도 99.9%이고 국제품질보증서도 있는 100g짜리 골드바를 여러 개 사는 것이 좋다. 금거래소 등의 약 6,000만 원에 달하는 1kg짜리 골드바는 한 번에 처분하거나 증여하기 힘들기 때문에 500~600만 원짜리 미니골드바로 구입해 두는 것을 추천한다"고 말했다.

특히 금을 거래할 경우 양도세가 발생하지 않는 점도 잘 활용할 필요가 있다. 증여를 한다고 하더라도 증여 면세 범위 안에서 거래한다면 문제 될 게 없다는 것이다.

실물자산인 부동산 투자에 대해서는 높은 비중을 두지 말라고 이 팀장은 조언했다. 내년까지 주택 부분 경기는 정부 주택 경기 부양책에 따라 좋겠지만 큰 그림에서 소형 상가·주택은 큰돈이 되지 않을 가능성이 높다는 게 그의 견해이다. 이 팀장은 "상가나 주택 등 5억 원 미만 부동산은 앞으로 저출산과 고령화로 인해 더 성장하기 힘드니 크게 관심 갖지 말길 권한다"고 말했다.

며느리가 와도 절대 줄 수 없는 연금저축

투자자산의 나머지 3분의 1은 연금자산이다. 특히 연금저축은 본인 외에는 아무도 못 받도록 만들어 놓고 노후를 대비하는 것이 좋다. 그는 "며느리 혹은 며느리의 할아버지가 와도 절대 줄 수 없는 연금저축을 만들어 놔야 한다. 예를 들어 국민연금은 본인이 죽으면 가족들이 못 받는데 개인연금도 같은 방식으로 만들 수 있다"고 말했다. 심지어 자신도 해지하기 어려운 연금을 만들어놔야 한다는 게 이 팀장의 생각이다.

그는 또 "원리금을 분할 수령하는 종신보험 같은 상품도 노후 대비에 좋다"고 말했다. 예를 들어 은퇴 시점인 60세 때 현금자산인 10억 원을 모았을 경우 매년 5,000만 원씩 빼 쓰면 70세 되면 5억 원이 남는다. 그렇다면 그때부터는 불안해서 5억 원을 못 쓰게 된다는 것이다. 따라서 100세까지 보장해주는 원리금 분할 종신보험 등이 효과가 있다는 얘기다.

특히 연금은 절세에서 매우 중요하다. 연금 같은 상품은 기본적으로 10년 이상 들었을 경우 비과세된다. 특히 이 팀장은 장기 저축성 보험은 10년 이상 넣으면 비과세이기 때문에 반드시 가입할 것을 권했다. 초기에 사업비를 많이 떼는 것도 사실이지만 저축성 보험만큼 절세 효과가 크면서도 연금 기능이 충실한 상품도 많지 않기 때문이다.

그렇다면 절세, 어떻게 하나?

이 팀장이 얘기하는 절세의 방법은 간단하다. 연금저축, 저축성 보험, 국민연금을 골자로 짜되 매년 소득공제를 받을 수 있는 부분들을 살펴 설계하면 된다. 물론 소득 수준별로 설계를 하는 것이 좋다. 소득 수준이 높다면 신용카드보다는 인적공제나 금융 상품에 관련된 소득공제를 적극적으로 활용할 필요가 있다. 소득 수준이 낮은데 체크카드 소득공제율이 크다고 해서 공돈 쓰듯 쓰기 시작하면 아무리 재테크를 잘해도 헛수고다.

만약 연금을 준비하는 사람에게 저축 우선순위를 매긴다면 국민연금을 살펴봐야 한다. 배우자 임의가입을 통해 죽을 때까지 연금을 받을 수 있는 구조기 때문이다. 두 번째는 소득공제를 챙길 수 있는 연금저축이다. 최대 700만 원까지 세액공제 받을 수 있고 2015년 회계연도부터는 세액공제 한도가 늘었다. 또 퇴직연금을 연금 형태로 받으면 세제가 상당히 유리해진다.

절세 상품 총정리

상품	한도	세율	비고
국내 주식 및 주식형 펀드	주식 및 펀드 평가 & 매매차익	비과세	–
10년 이상 장기 저축성 보험저축, 즉시연금보험	계약 기간 10년 이상	비과세	1인당 2억 원, 5년 이상 월납, 종신형 연금 수령 비과세
연금계좌 (연금저축, 퇴직연금)	납입액 700만 원 세액공제 연금소득세 분리과세	세액공제 분리과세	12% 3~5%
재형저축	총 급여 5,000만 원 이하 근로자 종합소득 3,500만 원 이하 (연간 1,800만 원 한도)	이자 소득세 면제	만기 7년 (최장 10년 연장 가능) 농특세 1.4% 과세
소장펀드	총 급여 5,000만 원 이하 근로자 (연간 600만 원 한도)	소득공제	가입 기간 10년, 5년 의무납 납입액의 40% 소득공제
주택청약종합저축	총 급여 7,000만 원 이하 근로자인 무주택 세대주 연간 240만 원	소득공제	주택임차자금 원리금 상환액×40% 포함 총 300만 원 한도
비과세 종합저축	5,000만 원(만 61세 이상)	비과세	전 금융기관 합산
조합 출자금	1,000만 원(만 20세 이상)	비과세	농협, 수협, 새마을금고 등
조합 예탁금	3,000만 원(만 20세 이상)	이자소득 비과세	농특세 1.4% 분리과세 (2016년 5%, 2017년 9% 과세)
브라질 채권	이자소득 및 환차익 (직접투자 및 신탁상품 투자 시)	비과세	매년 6월 30일 재협약
분리과세 채권 상품	만기 10년 이상	분리과세	33%(해지 전 신청)

이 팀장은 국민연금으로 연금을 보완해야 한다고 주장했다. 우선 배우자의 경력부터 살펴보자. 만약 배우자가 전업주부고 과거에 직장에서 일한 적이 있다면 추가 불입을 통해서 국민연금을 받을 수 있다. 예를 들어 배우자가 과거에 직장에서 5년간 일한 적이 있다면 앞으로 5년 동안 추가 불입하면 된다. 국민연금은 납입 기간이 10년이 지나야 연금 수령이 가능하다. 만약 한 달에 8만 9,100원씩 10년을 넣게 되면 60세부터 죽을 때까지 16만 원이 연금으로 나온다. 앞으로 물가가 오르면 연금 수령액은 늘어난다.

다만 추가 불입을 많이 한다고 해서 다 좋은 것은 아니다. 부부가 연금 수령을 하다가도 한 사람이 죽게 되면 본인의 연금과 배우자의 연금 일부 수령 중 하나를 선택해야 하기 때문이다. 또 65세부터 받는 국민연금을 소득이 있다고 뒤로 늦춰서 받는 것도 좋은 방법은 아니라고 이 팀장은 조언했다.

연금저축과 퇴직연금 꼭 가입하라

연금저축과 퇴직연금IRP는 납입 기간에는 소득공제를 받을 수 있다. 매년 700만 원 한도까지 세액공제가 가능하고, 연봉 5,500만 원 이하라면 16.5%까지 세액공제 받을 수 있다.

연간 700만 원까지는 연금저축과 퇴직연금IRP에 돈을 넣으라고 이 팀장은 조언했다. 또 해외 투자를 원하는 적극적인 사람이라면 해외 주식이나 펀드 투자용으로 연금저축과 퇴직연금IRP를 노리기를 추천한다. 연금저축 등에서 해외 펀드 수익이 나면 기타소득세로 잡히기 때문이다. 또 이 수익금을 일시금으로 받지 않고 연금으로 받으면 3~5%밖에 세금을 내지 않아 좋다.

이 팀장은 나중에 퇴직금을 퇴직연금 형태로 받게 되면 절대 일시금으로 받지 말라고 조언했다. 그는 "퇴직금을 중간 정산 받으면 결국 다 써버리게 돼 노후에 쓸 돈이 없어진다. 퇴직금은 기본 세율이 장기 근속했을 경우 2~5%밖에 안 되고 이것도 연금 형태로 받으면 70% 세금을 안 내도 된다"고 말했다.

연말정산 중요한 포인트는?

우선 부양가족 공제를 잘 챙겨야 한다. 예를 들어 미성년인 처제도 부양가족 공제에 포함될 수 있다. 또 주택 차입금이 공제되는 점을 잊지 말아야 한다. 이 팀장은 "4억 원 이하의 집을 구입해 1가구 1주택 될 경우 3개월 이내 대출 신청하면 이 금액에 대해 소득공제가 된다. 대출 이자 3%를 가정했을 때 소득공제로 대출 이자가 2%로 감면되는 효과가 있다"고 말했다.

가족카드 소득공제에 대해서는 면밀히 챙겨야 한다. 부부 가운데 소득이 낮은 사람의 명의로 카드를 여러 장 만들어서 소비를 몰아줘야 한다. 예를 들어 남편 연봉이 1억 원이면 연봉의 25%를 넘는 금액에 대해서 소득공제가 되기 때문에 부부가 2,500만 원 이상 써야 하는 문제가 생긴다. 하지만 만약 배우자 연봉이 4,000만 원이면 부부가 1,000만 원 이상만 쓰면 소득공제가 된다. 다만 맞벌이인데 소득 수준이 비슷하다면 한 푼이라도 세금을 많이 내는 쪽에 소득공제를 받을 수 있도록 몰아줘야 한다고 이 팀장은 조언했다.

'내집마련에서 투자까지'
맞춤형 대출 방법

상가 투자로 4억 번 30대 주부 비결은?

주부 김 모 씨(34)는 5년 전 직장인인 남편과 결혼하면서 양가 어른들에게 아파트 한 채와 현금 4억 원가량을 증여받았다. 여윳돈을 어떻게 굴릴지 고민하던 김 씨는 당시 유행이던 오피스텔 투자에 나서볼까 검토했지만 이내 생각을 접었다. 연 5% 안팎인 예상수익률에 만족할 수 없었기 때문이다.

남다른 수익률을 추구한 김 씨는 은행 PB센터 상담을 거쳐 결국 상가 투자에 나서기로 했다. 정기예금 통장에 넣어두고 있던 김 씨

부부의 여윳돈 4억 원. 김 씨는 이 돈으로 경기도 한 택지개발지구의 점포겸용택지 264㎡(약 80평)를 1억 원의 프리미엄(웃돈)을 포함해 총 4억 원에 사들였다. 해당 택지에 건물을 지어 임대수익을 올리겠다는 심산에서였다.

다음 숙제는 지상 4층 건물을 짓기 위한 공사비다. 1층은 상가, 2~4층은 원룸으로 구성하는 데 소요된 비용은 모두 6억 원. 김 씨는 4억 원짜리 택지를 담보로 한 3억 원 대출에 시설대출 3억 원을 합쳐 모두 6억 원을 빌렸다.

1년이 조금 안 돼서 건물은 완성됐다. 1층 상가에는 카페와 레스토랑 같은 고급 임대차가 이뤄졌고, 원룸 5세대(2·3층 각각 2세대, 4층 1세대) 역시 바로 주인을 찾았다. 이로써 김 씨는 매월 700만 원의 임대수익을 거두게 됐다. 김 씨는 1년 뒤 이 건물을 16억 원에 되팔았고 4억 원가량의 순이익을 달성했다.

종잣돈(4억 원)과 대출 원금(6억 원)을 빼고 6억 원가량이 남았고 여기에 시세차익에 따른 양도소득세, 대출 이자가 나간 것까지 셈한 수치다. 수익률로 따지면 100%. 오피스텔 투자로 벌어들였을 수익의 20배를 거둔 셈이다.

저금리 시대, 전략적 대출로 수익률 높이자

1. 대출을 활용한 수익형 부동산 투자 전략

성공적인 상가 투자 사례인 김 씨와 직접 상담한 박상욱 우리은 행 고객자문센터 부동산팀장이 2015 서울머니쇼를 찾아 〈전략

박상욱 우리은행 고객자문센터 부동산팀장

적 대출의 기술〉이라는 제목으로 초저금리 시대의 대출을 활용한 수익형 부동산 투자 전략을 제시했다.

점포겸용택지는 최근 위례신도시, 원주혁신도시 같은 택지개발 지구 내에 거주하던 원(原)주민에게 제공되는 토지로 단독주택이 나 점포 · 주택 혼합 건물을 지을 수 있다.

박 팀장은 "당시 아파트 시장도 별로 좋지 않아 뚜렷한 투자처 를 찾지 못하고 있었다. 시간적 여유가 있으면서 꼼꼼한 성격의 고객 성향을 감안해 점포겸용택지 투자를 추천했다"고 말했다. "건물을 짓는다는 것은 아무나 할 수 있는 일이 아니기 때문에 김 씨처럼 차분하고 신중하게 일을 진행할 수 있어야 한다. 은행에서 보유한 풀(Pool)을 바탕으로 비교적 무난하게 설계사 · 시공사를 선정할 수 있었던 게 호재"라고도 덧붙였다.

그는 또 "건물이 지어지면서 담보가치가 올라가는 점을 감안해 예상 주택가액을 토대로 대출이 이뤄진다. 김 씨는 별도 계약을 통해 시공사에 건물 신축 과정 중간중간에 대출금을 지불하는 '공사대금 안전관리 서비스'를 활용했다"고 전했다.

이어 "엄청난 수익률이라 많은 투자자들이 솔깃할 법하지만 언제든지, 아무나 할 수 있는 일은 아니다. 지금보다 점포겸용택지 열풍이 덜할 때였기 때문에 프리미엄이 작게 붙은 편이었고 예상 수익률과 택지 입지를 꼼꼼히 따진 김 씨의 치밀함이 유효했다"고 설명했다.

2. 신중한 입지 선정이 수익률 관건

"카페나 레스토랑이 입점하는 택지구역도 있지만 편의점조차 입점하지 않는 외딴 택지를 고를 가능성도 있는 만큼 신중하게 택지구역을 고르는 게 성패를 가른다"고 박 팀장은 강조했다.

지금처럼 택지개발지구에 투자자들의 돈이 몰릴 때는 김 씨처럼 단기에 되파는 방법은 쉽지 않고 10년가량 장기 투자한다는 마음으로 투자 검토에 나서는 게 좋다고 박 팀장은 전했다. 그는 "특히 양도소득세 비용이 발생하기 때문에 10년 이상 보유해 장기보유 특별공제 혜택을 보는 게 좋다. 전문적으로 이 일을 할 사람이 아니라면 안정적으로 임대료를 벌어들이는 게 효과적인 투자 방안"이라고 말했다.

　서울 강북에 근린건물 한 채를 보유하고 있는 A씨. 건물 전체를 보증금 18억 원과 월 임대료 200만 원에 한 사업자에게 임대해주고 있다. 월 임대료 대비 보증금이 현저히 높은 까닭은 부족한 건물 신축 자금을 해결하기 위해 보증금을 높여 받았기 때문이다. 이때 수익률을 높일 방법은 무엇일까?

3. '12%' 상가의 월세 전환율에 주목하라

　바로 저금리를 활용한 대출이다. 박 팀장은 "상가의 월세 전환율은 12%가량이다. 15억 원 대출을 받아 월 임대료를 1,700만 원으로 올리고 보증금을 3억 원으로 낮추면 건물 가치를 기존 22억 원에서 37억 원으로 끌어올릴 수 있다"고 조언했다.

　2012년 11월 50억 원에 낡은 빌딩을 매수한 B씨는 시설자금대출을 활용해 공사비 10억 원을 들여 리모델링에 성공했고 2015년 1월 이 빌딩을 81억 원에 되파는 데 성공했다.

　박 팀장은 "단독주택 리모델링과 상가 임차 구성 개선으로 수익률을 높이려는 수요가 늘고 있다. 아파트보다 단독주택, 상가주택 개발이 인기를 끌면서 단독택지에 사람들의 관심이 몰리고 있는 상황"이라고 전했다.

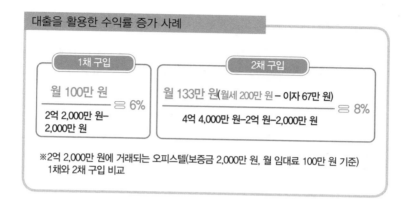

대출을 활용한 수익률 증가 사례

1채 구입

$$\frac{\text{월 100만 원}}{\text{2억 2,000만 원} - \text{2,000만 원}} = 6\%$$

2채 구입

$$\frac{\text{월 133만 원(월세 200만 원} - \text{이자 67만 원)}}{\text{4억 4,000만 원} - \text{2억 원} - \text{2,000만 원}} = 8\%$$

※2억 2,000만 원에 거래되는 오피스텔(보증금 2,000만 원, 월 임대료 100만 원 기준)
1채와 2채 구입 비교

매매가 전세보다 비용 저렴…무주택자는 "당장 집 사라"

저금리 시장 상황에서 현금 보유자의 이자수익이 감소하는 만큼 대출자, 즉 투자자의 월 부담 이자 역시 감소한다는 분명한 사실을 박 팀장은 강조했다. 일단 아직 집이 없는 사람이라면 집부터 마련해야 한다. 그는 "집을 사지 않는 이유는 집값이 안 오를 것 같거나 전세 비용 부담이 매매보다 작기 때문인데 실제로 지금은 주택 구입 비용이 전세 비용보다 저렴하다"고 말했다.

이미 주거용 부동산을 마련한 상태에서 여윳돈이 있다면 적절한 범위의 대출을 활용해 투자에 나설 수 있다고 그는 강연을 이어갔다. 박 팀장은 "많은 사람이 쉽게 투자하는 상품일수록 초과 수익을 얻기 어렵다. 대출을 활용해 부족한 자금을 해소함으로써 남다른 투자에 나설 수 있다"고 설명했다.

박상욱 팀장의 '투자 금액에 따른 부동산 투자 상품'

구분	1~3억 원	5~10억 원	10~30억 원	
토지	←――――――――――――――――――――――→			
오피스텔 도시형 주택	←―――――――→			
상가		←――――――→		
원룸 상가주택		←―――――→		
빌딩			←강남 이외 빌딩→	←강남 빌딩→

1~3억 원의 여윳돈으로는 높은 수익률을 추구하기 힘든 오피스텔이나 도시형 주택 투자만 가능하지만 금액대를 5~10억 원대로 높여 잡으면 알짜 상가나 원룸·상가주택 투자도 가능하다.

그렇다면 대출 규모를 어느 정도로 잡는 게 적절할까? 박 팀장은 "수익률과 가치 산정을 하는 데 가장 중요한 요소는 월 임대료다. 예상 임대료와 이자 비용을 꼼꼼히 따져 수익형 부동산 투자에 나서야 한다"고 강조했다.

Seoul
Money
Show

100세 시대를 위한
노후 준비

노후 준비의 기본, 국민연금 사용 설명서
'자기계발에서 생활비까지' 성공한 노후 준비의 조건
100세 시대, 연금과 보험 100% 활용 가이드

PART
06
100세 시대를 위한 노후 준비

노후 준비의 기본,
국민연금 사용 설명서

국민연금이란?

"부부가 함께 국민연금에 가입하면 연금 수령액이 더 많기 때문에 유리합니다."

김종우 국민연금공단 복지사업부장은 2015 서울머니쇼 첫날 100세 시대를 맞아 〈국민연금 100% 활용법〉이란 주제로 특강에 나서 이같이 소개했다.

김종우 국민연금공단 복지사업부장

김 부장은 국민연금에 부부가 함께 가입할 경우 연금 수령액이 혼자 가입할 때보다 더 많다고 조언했다. 같은 불입금이라도 부부가 함께 가입하면 더 많은 연금을 기대할 수 있다는 것이다. 그는 이 밖에도 국민연금을 100% 활용하기 위한 여러 가지 팁을 소개함으로써 눈앞으로 다가온 100세 시대를 대비하는 법을 제시했다.

1. 노후자금 준비의 필요성

2014년 우리나라의 100세 이상 인구는 1만 4,592명이다. 경제협력개발기구(OECD) 주요국의 고령화 속도를 비교해보면 우리나라는 고령화 속도가 가장 빠른 나라다. 산업연구원 자료를 보면 1970년의 노인(65세 이상) 인구 비중을 1로 봤을 때 2013년 한국의 노인 인구 비중은 4배로 늘었다. 고령화 국가로 유명한 일본이 3.6배로 한국보다 낮으며, OECD 전체 평균은 1.6배에 불과하다.

한국에 100세 시대가 도래한 것이다. 60대 은퇴를 가정했을 때 100세가 아닌 90세까지만 살아도 30년을 노후자금으로 버텨야 한다. 노후자금을 준비하는 방법은 두 가지가 있다. 노후자금을 사과라고 비유했을 때, 사과를 수확해 상자에 두는 방법이 있고 사과나무를 키우는 방법이 있다. 사과나무에 달린 사과는 나무가 죽을 때까지 따 먹을 수 있다. 따라서 우리는 사과나무를 키우는 방법을 택해야 한다.

행복한 노후를 위한 노후자금은 두 가지 조건을 충족해줘야 한다. 첫째 조건은 평생 받을 수 있어야 한다는 점이다. 수많은 연금이 있지만 보험사 상품 정도를 제외하고는 이에 해당하는 연금은 없다. 두 번째 조건은 물가가 올라도 걱정 없도록 물가가 오르는 만큼 연금도 올라야 한다는 것이다. 이 두 가지 조건까지 충족하는 상품은 국민연금밖에 없다고 김 부장은 말한다.

2. 국민연금의 특징과 분류

국민연금은 국가가 평생 지급을 보장한다. 만 18세 이상 60세 미만은 의무적으로 가입하게 되며 소득 재분배로 사회통합에 기여한다. 연금 수령 시 물가를 반영하여 실질가치를 보장한다는 것도 국민연금의 특징이다. 또한 국민연금은 확정급부형으로 운영 실적과 관계없으며, 본인 기여분의 100%가 소득공제된다.

국민연금의 가입 대상은 총 네 종류로 나뉜다. 먼저 사업장가입자는 근로자 1인 이상 사업장에 근무하는 사람을 말한다. 월 60시간 이상 근무했다는 가정하에 1개월 이상 근무하면 사업장가입자에 해당한다. 사업장가입자는 사업주와 근로자가 함께 보험료율 9%를 분담한다.

　회사에서 근무하는 사람이 아닌 자영업자들은 지역가입자에 속
한다. 또한 의무가입 대상이 아닌 사람이 희망하여 가입할 경우 임
의가입자·임의계속가입자로 분류되는데 둘은 60세 미만인지 아
닌지 여부로 결정된다. 지역가입자·임의가입자·임의계속가입자
는 모두 보험료 9%를 스스로 부담해야 한다.

국민연금 100% 활용 비법

1. 맞벌이 연금으로 준비하라
2. 국민연금을 리모델링하라
3. 임의가입 및 임의계속가입 제도를 활용하라
4. 크레디트 제도를 활용하라
5. 연기연금 제도를 활용하라

1. 맞벌이 연금으로 준비하라

　김 부장은 우선 부부가입을 추천한다. 노후자금 마련을 위해서
는 가장 먼저 부부가 같이 국민연금에 가입해 노후 안정성을 더 높
이라는 얘기인 셈이다.

2. 국민연금을 리모델링하라

국민연금도 리모델링이 가능하다. 가장 우선시돼야 할 것은 가입 기간을 최대한 늘리는 것이다. 이를 위해 추후납부나 반납금 제도를 활용할 필요가 있다. 추후납부는 예외 기간에 해당되는 금액을 납부하는 것으로 분납도 가능하다.

여기서 예외 기간이란 앞에서 설명한 60세 미만의 무소득자가 보험료를 납부하는 임의가입자와 60세 이후 연장 가입해서 보험료를 납부하는 임의계속가입자가 해당된다. 반납금 제도는 과거 수령한 반환일시금을 이자와 함께 공단에 반납해 가입 기간을 복원하는 제도다. 과거 받아갔던 연금을 다시 채워 넣음으로써 연금 납부 기간을 늘리는 효과를 가져다준다.

3. 임의가입 및 임의계속가입 제도를 활용하라

김 부장은 "국민연금 대상자가 아니더라도 노후 안정성을 위해 국민연금에 가입하는 것이 좋다. 전업주부나 학생 등 소득이 없는 경우에도 여건이 된다면 가입해야 한다"고 말했다.

60세가 돼서도 가능한 한 계속 가입하여 가입 기간을 늘리는 것도 고려해 보라고 그는 추천한다. 실제로 월 20만 7,000원을 낸다는 가정하에 10년 동안 납입하면 현재 가치 기준으로 월 23만

8,420원 상당을 받을 수 있으며, 20년 동안 납부하면 45만 1,840원 정도의 가치를 수령할 수 있다.

4. 크레디트 제도를 활용하라

크레디트 제도는 국가에서 운영하는 국민연금의 특성이 잘 드러난 제도다. 출산 크레디트와 군복무 크레디트로 나뉜다. 노인 인구 증가와 출산율 저하에 따른 국가적·사회적 문제점이 커짐에 따라 다출산 가구에 대해 혜택을 주기로 한 것이다.

2008년 1월 1일 이후 2명 이상의 자녀를 낳은 사람에 한하여 노령연금을 받을 때 가입 기간을 추가 산정해준다. 2명의 자녀가 있으면 12개월, 3명은 30개월, 4명은 48개월, 5명 이상은 50개월 동안 추가 납부한 것으로 산정한다. 군복무 크레디트도 비슷한 맥락이다. 2008년 1월 1일 이후 현역 또는 공익요원으로 6개월 이상 군복무를 한 사람은 6개월분의 납입분을 추가로 인정해준다.

5. 연기연금 제도를 활용하라

연기연금 제도는 말 그대로 자신의 연금 지급을 연기할 수 있는 제도다. 최대 5년까지 가능하며 연기 기간에는 월 0.6%(연 7.2%)의 연금 수령액이 가산된다. 연기 기간을 늘릴수록 총액은 더 늘

어나는 셈이다. 단, 연금 수급 시기가 지난 후에도 소득이 월 204
만 원이 넘는 사람들은 연금 수령액이 감액된다.

2015년 7월 이후 변경되는 국민연금 제도

1. 실업 크레디트

실직 상태에 처한 사람이 보험료를 내고자 하면 정부에서 지
원해주는 제도다. 실업 상태에서도 보험료를 내겠다는 의지를 밝
히면 정부가 월 보험료의 4분의 3을 지원해준다. 이 제도를 활용
하면 실직 전 평균 소득의 50%에 해당하는 보험료를 내게 된다.

다만 상한선이 정해져 있다. 소득이 140만 원 이상이었어도 실
업 크레디트 제도 아래에서는 70만 원까지만 인정된다. 소득 70만
원 기준의 보험료는 6만 3,000원으로 이 중 75%인 4만 7,250원을
정부가 25%인 1만 5,750원을 본인이 부담하게 된다.

2. 복수 사업장

아르바이트 등을 통해서 여러 군데의 사업장에서 일하는 사람
의 근무 시간을 합산해서 인정해주는 제도다. 현행 근로기준법에
서는 월 60시간 이상 근로를 하는 사람은 사업장가입자로 가입
되지만, 한 사업장에서 60시간을 채워야지만 가능했다. 그러나

2015년 7월 29일부터는 여러 곳의 사업장에서 일한 시간의 합이 60시간이 넘으면 사업장가입자로 가입이 가능하다.

3. 18세 미만 근로자

18세 미만 근로자는 사업장에서 근무를 하고 있더라도 사업장가입자에 포함되지 않고 있었다. 하지만 2015년 7월 말부터는 18세 미만 근로자도 사업장에서 근무하면 모두 사업장가입자로서 국민연금 대상자가 된다. 근로자를 보호하기 위해 마련된 이 제도는 만약 본인이 희망하지 않을 경우 대상자에서 제외된다.

'자기계발에서 생활비까지'
성공한 노후 준비의 조건

100세 시대의 은퇴

"40년의 은퇴 후를 제대로 보내려면 일하는 30년 동안 '3층 연
금'으로 대비해야 합니다."

2015 서울머니쇼 개막 첫날 〈성공
한 노후 준비의 조건〉 강연이 시작되
면서 세미나실 좌석이 동이 났다. 강
의실 좌우와 뒤편 로비에 수십 명의 참
가자들은 종이를 깔고 앉았다. 대부분

박기출 삼성생명 은퇴연구소 소장

40대, 50대 중장년층으로 보이는 청중들은 은퇴 전문가가 준비한 33쪽짜리 강연용 파워포인트를 스마트폰으로 일일이 촬영하면서 강의에 집중했다.

30년 전인 1980년대와 현재의 인생을 비교하면서 강의는 시작됐다. 강연에 나선 박기출 삼성생명 은퇴연구소 소장은 "남자와 여자의 평균 수명이 각각 61세, 70세였던 1980년대와 달리 현재의 평균 수명은 남자 78세, 여자 85세다. 2020년이 되면 공부하고 준비하는 30년, 일하며 모으는 30년, 노후생활 40년 등 100세 시대가 도래할 것"이라고 내다봤다.

이제 은퇴의 개념은 (1) 새로운 시작 (2) 자기 방식으로 살아보는 기회 (3) 하고 싶던 일을 하며 희망하던 사람이 돼 보는 것이라고 그는 정의했다.

박 소장은 이처럼 새로운 개념의 은퇴를 준비하기 위해 두 가지 디자인을 주문했다. 하나는 머니(Money) 디자인, 다른 하나는 건강 디자인이었다.

100세 시대 머니 디자인

1. '주식 대박' 대신 펀드·ELS·변액보험으로 중위험·중수익

전(全)생애가 100년이라면 후반부인 40년이 노후다. 공부하고

준비하는 인생의 서론인 30년을 빼고 나면 노후를 준비할 수 있는 기간은 30년이다. 이 30년 동안 '노후 40년'을 준비하기 위해서는 머니 디자인이 필수적이라는 게 박 소장의 설명이다.

문제는 이처럼 결론이 길어진 100세 시대에 맞춰 자산관리의 패러다임이 바뀌었다는 점이다. 박 소장은 현재의 자산관리 시대를 '저성장 시대, 저금리 시대, 가격 변동성이 큰 시대'라는 3가지 키워드로 정리했다. 그는 "'대박' 대신 중위험 · 중수익이 새로운 대세로 자리 잡았다. 펀드와 ELS(주가연계증권, Equity-Linked Securities), 변액보험 같은 중위험 · 중수익 상품을 머니 디자인의 기본 틀로 삼아야 한다"고 조언했다.

펀드는 주식 직접투자의 위험을 줄일 수 있으며 적절한 환매 시점을 선택하는 게 중요하다. 주가지수 움직임에 따라 수익률이 결정되는 신종 금융 상품인 ELS는 펀드 투자의 불확실성을 줄이면서 단기 투자가 가능한 것이 강점이다. 다만 ELS 상품에서 생기는 수익은 배당소득으로 간주되므로 배당소득세 14%와 주민세 1.4%를 내야 한다는 점을 유념해야 한다고 박 소장은 전했다.

장기 투자를 전제로 안정성과 수익성을 동시에 추구할 수 있는 변액보험은 10년 이상 투자에 따른 비과세가 매력적이라는 게 그의 설명이다.

노후자금 준비의 핵심은 정기적으로 나오는 '평생 소득'을 최대한 많이 확보하는 것이라고 박 소장은 강조했다. 10년의 노후 기간 월 기본생활비로 300만 원을 쓰려면 필요한 돈은 3억 6,000만원. 노후 기간을 20년, 30년으로 늘려 잡으면 필요한 돈은 각각 7억 2,000만 원, 10억 원에 육박한다. 문제는 퇴직금을 미리 받은 직장인 대부분이 가족생활비와 여행비로 여윳돈을 미리 써버리는 경우가 많다는 점이다. 박 소장은 "목돈으로 준비하는 것보다 월 소득으로 준비한다면 안정적으로 노후를 보낼 수 있다. '3층 연금'으로 평생 소득을 준비해야 한다"고 제안했다.

중위험·중수익 상품 개요

상품	특징
펀드	• 주식 직접투자의 위험↓ • 환매 시점 중요
ELS	• 펀드 투자의 불확실성↓ • 단기 투자, 시세차익 과세
변액보험	• 안정성과 수익성 동시 추구 • 10년 이상 비과세, 장기 투자

2. 3층 연금을 공략하라

개인과 회사, 국가가 함께 관리하는 국민연금은 기초생활을 보장하는 데 그친다. 안정적인 생활 보장에 더해 여유롭고 풍요로운 생활 보장까지 달성하려면 회사 차원의 퇴직연금에 개인이 주도하는 개인연금까지 가입하는 '3층 연금' 체계를 구축해야 한다고 박 소장은 당부했다.

먼저 자신의 '예상 국민연금'을 알아볼 필요가 있다. 국민연금공단 홈페이지(www.nps.or.kr)나 전화(1355)를 통해 가입 시기와 가입 기간, 소득 금액에 따른 자신의 연금을 알아볼 수 있다.

국민연금은 평생 수령과 실질가치 보장의 매력이 있지만 최소한의 생활을 보장하는 수준에서 그친다. 안정적인 생활을 위해서는 2층 연금인 퇴직연금이 필수적이다.

퇴직연금은 크게 확정급여형(DB, Defined Benefit)과 확정기여형(DC, Defined Contribution), 개인퇴직계좌(IRP, Individual Retirement Pension)로 나뉜다. 퇴직연금을 회사가 관리하는 개념인 확정급여형은 퇴직 시점의 소득을 기준으로 연금액이 책정되기 때문에 급여 상승률이 높을수록 많은 연금을 받을 수 있다.

반면 근로자 개인이 직접 관리하는 확정기여형 퇴직연금과 개인퇴직계좌는 자신의 소득이나 추가 납입 금액을 기준으로 하기 때문에 확정급여형 퇴직연금 수준의 안정성을 보장받지 못한다. 하지만 투자수익률에 따라 확정급여형 이상의 연금액을 기대할 수 있다는 점이 매력이다.

하지만 이것만으로는 충분하지 않다는 게 박 소장의 설명이다. 그는 풍요롭고 여유로운 노후까지 기대한다면 연금저축이나 연금보험 같은 개인연금 디자인도 필수적이라고 강조했다.

한눈에 보는 개인연금

구분	연금저축		연금보험	
상품 종류	연금저축보험	보험사 은행 증권사	연금보험	생명보험사
	연금저축신탁		즉시연금	
	연금저축펀드		변액연금	
연금 수령 시	연금소득세 과세		관련세법 요건 충족 시 보험차익 비과세	
중도 해지 시	기타소득세 과세		10년 이내 해지 시 이자소득세 과세	

연금저축보험과 연금저축신탁, 연금저축펀드로 구분되는 연금저축은 보험사와 은행, 증권사에서 가입할 수 있다. 연금 수령 시 연금소득세, 중도 해지 시 기타소득세가 각각 과세될 수 있다는 데 유의해야 한다. 생명보험사에서 취급하는 일반 연금보험과 즉

시연금, 변액연금 등 연금보험은 일정한 요건을 충족할 경우 보험 차익에 대해 비과세 혜택이 있는 게 강점이다. 대신 10년 안에 해지할 경우 이자소득세가 부과된다.

2015년부터 적용되기 시작한 개정 세법에 따른 연금저축과 IRP의 세액공제 효과에 대한 설명도 이어졌다. 연금저축과 IRP, DC를 합쳐 400만 원까지는 92만 4,000원의 세액공제(확정수익률 13.2%)가 가능하고, 여기에 연금저축을 제외하고 IRP와 DC에 대해 300만 원까지 추가 세액공제(39만 6,000원)가 가능해졌다.

3. 평생 소득 집짓기 전략

박 소장은 머니 디자인을 위한 마지막 키워드로 '평생 소득 집짓기'를 제안했다. 그는 맞벌이 부부가 은퇴 후 40년간 기본생활비로 월 300만 원을 쓰기 위해 경제활동 기간인 30년 동안 모아야 하는 돈을 10억 원으로 책정했다. 불가능할 것처럼 보이는 이 돈은 국민연금(4억 원)과 퇴직연금(3억 원), 개인연금(3억 원)으로 나누어 접근하면 된다고 박 소장은 설명했다.

부족자금을 마련하는 6가지 팁도 제시했다. 그는 "저축액·저축 기간 늘리기, 보유자산 활용하기, 수익률 높이기가 기본이고 무엇보다 '오래 일하기'와 '덜 쓰기'를 잊지 말아야 한다"고 당부했다.

100세 시대 건강 디자인

삼성생명 은퇴연구소의 2014년 설문조사에 따르면 사람들은 은퇴 전 챙기지 않아 후회되는 것으로 '의료보험·간병비 마련'(28%)을 가장 많이 꼽았다. 건강검진(19.3%)과 규칙적인 운동(16%), 금연·금주(13.2%), 스트레스 관리(9.8%)를 미리 하지 못해 후회된다는 응답도 많았다.

박 소장은 "80세 이전에 7대 중대한 질병에 걸릴 확률은 78.1%, 평균 수명까지 생존 시 암 발생 가능성은 37.9%에 달한다. 전체 진료비 중 65세 이상 진료비가 차지하는 비중이 34.4%에 달할 정도로 노인 의료비 지출 비중이 높다"고 설명했다.

한국보건산업진흥원의 2013년 통계에 따르면 생애주기별 의료비 지출에서 65세 이상이 차지하는 비율은 남자와 여자가 각각 50.4%, 55.5%로 절반을 웃돌았다.

부족한 자금을 마련하기 위해서는 무엇보다 '건강'이 가장 중요하다. 박 소장은 "평균 수명은 비슷하지만 죽기 전에 아픈 기간이 한국이 10년이라면 일본은 4~5년에 불과하다. 건강해야 일을 하고 일을 하지 못하면 돈을 잃는 것이기 때문에 건강 디자인은 머니 디자인 못지않은 중요한 노후 대비"라고 강조했다.

100세 시대, 연금과 보험
100% 활용 가이드

글로벌 고령화 시대, 예금의 시대는 갔다

글로벌 고령화 시대가 개막했다. 평균 수명 증가와 출산율 감소에 따른 고령화는 세계적인 이슈로 대두되고 있고, 이 같은 인구 구조 변화는 이제껏 인류가 경험해보지 못한 것이다. 특히 유럽과 북미 등 선진국일수록 고령화는 더욱 빠르게 진행되고 있다.

한국도 예외가 아니다. 2010년 기준 한국의 출산율은 1.29명으로 전 세계 평균(2.52명)의 절반 수준에 불과하다. UN(국제연합)의 인구통계 조사 대상 196개 국가 중 순위는 191위다. 한국의 65

세 이상 고령인구 비중은 2010년 12.9%에서 2050년 40.2%로 증가할 것으로 전망한다. 한국이 일본과 더불어 세계 최고령 국가에 올라설 날이 머지않았다는 뜻이다.

고령화로 기대수명이 늘어난 반면 수익률의 기초인 금리는 급전직하했다. 1980년대 24%에 달했던 금리는 2014년 2%로 하락했지만 기대수명은 같은 기간 65.7세에서 81.9세로 늘어났다.

최성환 한화생명 은퇴연구소 소장은 〈100세 시대 연금과 보험의 100% 활용〉 특강에서 최근 관심이 높아지고 있는 사적연금과 보험에 대한 가입·운용 가이드라인을 제시했다.

최 소장은 "2008년 글로벌 금융위기 이후 대부분 국가들이 경기 부양을 위해 경쟁적으로 저금리를 유지하고 있다. 두 자리대의

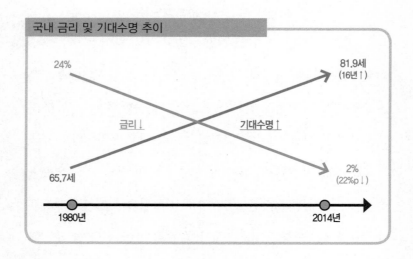

국내 금리 및 기대수명 추이

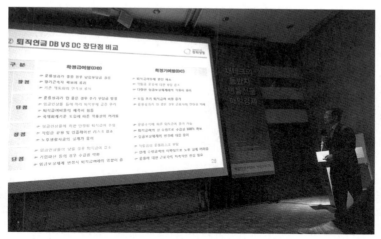

최성환 한화생명 은퇴연구소 소장이 서울머니쇼에서 강연하는 모습

예금 금리는 박물관에서나 볼 수 있을 것"이라고 강조했다.

사람들은 저금리·고령화 시대에 적응하기 위해 현금·예금을 노후 투자와 연금으로 돌리기 시작했다. 2003년 52.8%에 달했던 현금·예금 비중은 2013년 말 기준 45.5%로 감소했다. 보험·연금 비중은 같은 기간 21.6%에서 28.9%로 상승했다.

사정이 이러한데도 한국의 평균 연금소득 대체율은 턱없이 부족하다고 최 소장은 지적했다. 연금소득 대체율은 연금 가입 기간 중 평균 소득을 현재 가치로 환산한 금액 대비 연금 지급액의 비중을 뜻한다. 국제기구가 권고하는 연금소득 대체율은 약 70~80% 수준, OECD(경제협력개발기구) 평균 연금소득 대체율은 68.4%다. 하지만 우리나라의 평균 연금소득 대체율은 42.1%에 불과하다.

'5층 연금'으로 위기 넘자

통계와 이론 공부는 여기까지. 최 소장은 서울머니쇼 참가자들을 위한 구체적인 액션 플랜을 조언하기 시작했다. 국민연금과 퇴직연금, 개인연금, 주택연금, 일 등 이른바 '5층 보장연금'으로 100세 시대를 뛰어넘자는 제안이다.

1. 안심 못할 국민연금

국민연금과 퇴직연금, 개인연금 등 '3층 보장연금'의 기초인 국민연금은 수급 시기 지연과 수급 금액 축소라는 난국에 빠져 있다. 최 소장은 "국민연금공단이 강조하는 소득대체율 40%는 가입 기간 40년을 가정했을 때 얘기고 실제 평균 가입 기간은 27년에 불과해 국민연금의 실제 소득 대체율은 25~30%다"라고 말했다.

2014년 말 기준 국민연금 월평균 수령액은 33만 5,400원. 20년 이상 가입한 완전노령연금 수급자의 월평균 수령액도 87만 1,420원에 불과하고 월 10~20만 원밖에 받지 못하는 수급자도 전체 수급자 3명 중 1명(32.2%, 114만 명)에 달한다. 국민연금은 국민 노후소득 보장을 위한 기초적인 사회안전망이지만 국민연금만 믿고 노후를 대비하는 것은 위험한 일이라고 그는 강조했다.

2. 퇴직연금 – 확정급여형과 확정기여형

2층은 퇴직연금이다. 모든 기업체는 2005년 '근로자 퇴직급여 보장법' 시행에 따른 퇴직연금이나 기존의 퇴직금 제도 중 1개 이상의 퇴직급여 제도를 설정해서 운영해야 한다. 퇴직급여는 확정급여형 퇴직연금(DB)과 확정기여형 퇴직연금(DC)으로 나뉜다.

확정급여형 퇴직연금은 퇴직할 때 근로자가 받을 퇴직급여가 퇴직 당시의 급여와 근속연수에 따라 사전에 확정된 제도다. 근로자들이 수령하게 되는 퇴직금액은 기존의 퇴직금 제도와 같다.

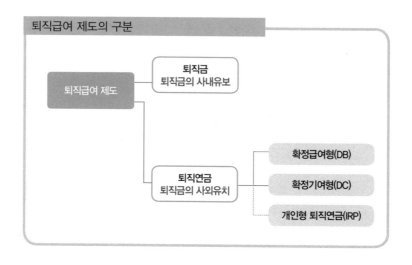

퇴직급여 제도의 구분

퇴직급여 제도 ─ 퇴직금 / 퇴직금의 사내유보
퇴직연금 / 퇴직금의 사외유치 ─ 확정급여형(DB) / 확정기여형(DC) / 개인형 퇴직연금(IRP)

반면 확정기여형 퇴직연금은 기업의 부담금이 급여의 일정 비율로 사전에 정해진 제도다. 기업은 근로자 연간임금 총액의 일정 비율(1/12 이상)인 부담금을 근로자 개인별 계좌에 정기적으로 적립한다. 근로자는 적립된 급여를 직접 운용해 퇴직할 때 운용수익이 포함된 퇴직급여를 수령하게 된다. 부담금은 정기적으로 사용자(회사)가 납입하는 것이 원칙이지만, 근로자의 추가 납부도 가능하다.

확정급여형 퇴직연금은 급여 상승에 따라 퇴직금이 증가한다는 장점이 있지만 확정기여형처럼 운용수익이 근로자에게 귀속되지 않는다.

3년간 300만 원(1년 차), 315만 원(2년 차), 330만 원(3년 차) 등 총 945만 원의 급여를 받았다고 가정하면 확정급여형은 모두 990만 원의 퇴직금을 받게 된다. 퇴직 당시 소득(330만 원)을 기준으로 퇴직금을 산정하기 때문이다. 반면 확정기여형의 경우 전체 급여액인 945만 원에 운용수익이 붙는다. 운용수익에 따라 확정급여형보다 퇴직금이 늘어날 수도 있고, 줄어들 수도 있는 셈이다.

자신의 임금 인상률과 기대수익률에 따라 확정급여형과 확정기여형 중 어느 쪽이 유리한지 판단할 수 있다.

퇴직 때 받은 퇴직급여나 재직 당시 개인자금을 추가적으로 적
립해 향후 노후자금으로 사용할 수 있는 IRP(Individual Retire-
ment Pension, 개인형 퇴직연금)도 넓은 의미의 퇴직연금이다.

퇴직연금 DB와 DC의 장단점 비교

구분		확정급여형(DB)	확정기여형(DC)
사용자	장점	• 운용 성과가 좋을 경우 납입부담금 경감 • 장기 근속자 확보에 유리 • 기존 제도와의 연속성 유지	• 퇴직급여부채 완전 해소 • 적립금 운용 부담 감소 • 다양한 임금 보상체계 적용 용이
	단점	• 운용 성과 안 좋을 경우 추가부담금 발생 • 임금 인상률 등에 따라 퇴직부채 급증 우려 • 퇴직급여 비용의 예측이 힘듦 • 국제회계기준 도입에 따른 적용상 어려움	• 도입 초기 퇴직급여 비용 증가 • 운용 성과 부진 시 근로자 안정성 저해
근로자	장점	• 임금 인상률에 의한 안정적 퇴직급여 수령 • 적립금 운용 및 인플레이션 리스크 감소 • 노후 생활자금 설계 용이	• 운용수익에 따른 퇴직급여 증가 가능 • 퇴직급여 선수령으로 수급권 100% 확보 • 임금 보상체계 변경에 대응 용이
	단점	• 임금 인상률 낮을 경우 퇴직금 감소 • 기업파산 등의 경우 수급권 약화 • 임금 보상체계 변경 시 퇴직급여 영향↑	• 적립금의 운용 리스크 부담 • 수령금액 미확정으로 노후 설계 어려움 • 운용에 대한 근로자의 지속적 관심 필요

3. 공적연금 불안, 개인연금으로 넘자

이제 3층. 바로 개인연금이다. 국민연금과 퇴직연금은 대부분

의 한국 근로자들이 가입하고 있다. 하지만 OECD에 따르면 한국의 개인연금 가입률은 12.2%로 캐나다(35.1%)와 독일(29.9%), 미국(24.7%), 영국(18.1%) 등 선진국 대비 매우 저조한 편이다.

최 소장은 "다중 보장소득의 가장 기본축인 공적연금의 재정 불안으로 사적연금을 준비할 필요성이 커지고 있다"고 강조했다.

그는 세액공제를 극대화할 수 있는 '3325 전략'을 제시하기도 했다. 연금계좌 세액공제 33만 원과 퇴직연금 세액공제 25만 원 저축으로 세액공제를 92만 4,000원까지 극대화할 수 있다는 얘기다. 연금저축과 퇴직연금에 납입한 금액을 통합해서 400만 원까지 납입액의 13.2%(지방소득세 포함)가 세액공제된다. 이로써 52만 8,000원의 세금을 감면받는다. 여기에 퇴직연금 납입액에 대해 추가 300만 원까지 세액공제(13.2%)가 되기 때문에 39만 6,000원까지 추가 세금 감면이 가능하다.

4. 남으면 상속되는 주택연금

빠듯한 살림살이로 퇴직연금과 연금저축, 개인연금을 충분하게 납입하지 못했다면 주택연금, 즉 주택담보노후연금보증을 활용할 만하다. 주택연금은 주택을 소유한 만 60세 이상 고령자가 매월 평생 동안 연금 방식으로 노후 생활자금을 지급받을 수 있는

역(逆)모기지론이다. 2007년부터 2013년 6월까지 주택연금 현황을 살펴보니 평균 주택 가격은 2억 8,100만 원, 평균 월 지급금은 102만 6,000원, 평균 가입 연령은 72.3세로 조사됐다.

최 소장은 "부부 모두 사망하면 주택처분 정산 이후 연금 지급액이 집값을 초과하더라도 상속인에게 청구하지 않고 반대로 집값이 남으면 상속인에게 남은 잔존가치만큼 지급한다"고 설명했다.

5. 연금의 꼭대기층, 일자리

꼭대기층인 5층은 다름 아닌 '일자리'다. 건강을 유지하면서 근로를 계속하는 것만큼 좋은 노후 대비가 없다는 뜻이다. 실제로 우리나라 취업자 중 60세 이상 비중은 2000년 9.3%에서 2012년 12.6%로 꾸준히 상승하고 있다. 성실함과 책임감, 꼼꼼한 일 처리, 풍부한 노하우를 이유로 이른바 '신중년' 근로자를 선호하는 기업들도 적지 않다.

최 소장은 "적성과 경험을 잘 살려 잘 아는 분야에 도전하는 것이 바람직하다. 유행하는 자격증에 편승하기보다 자신이 몸담았던 직업과 관련된 자격증이 취득이 쉽고 취업으로 이어지는 데도 유리하다"고 말했다.

나의 행복한 노후를 위한 키워드들

1. 3E

최 소장은 저금리·고령화라는 변화한 환경에 적응하는 노후 준비의 자세를 '3E'로 요약했다. 빠르면 빠를수록 좋고(the Earlier, the better), 고용 가능성을 높이면서(Employability), 자기중심주의가 되라(Egoism)는 주문이다.

평생 현역(Long work)과 빠른 노후 준비(Early start), 맞벌이(Dual income) 등 'LED 은퇴 전략'의 필요성도 제시했다.

2. ADVICE와 CFS 전략

전문가의 조언(Advice from an expert)을 구하고 부동산 비중을 줄이면서(Downsizing) 눈높이를 낮추자(View point to be lowered). 뜻밖의 위험은 보험(Insurance)으로 대비하고 투자를 다변화(Cross-border investment)하되 절세를 통해 수익률을 제고(Exemption or reducing tax)하자. 이 같은 ADVICE 전략에 평생 안정적인 현금 흐름(CFS, Cash Flow Smoothing)을 확보해야 한다고 최 소장은 제안했다.

3. 연타족으로 5iveFs를 즐기며, 五자로 생활하기

최 소장은 "이제는 연금 사회다. 백만장자가 아니라 연금장자가 돼야 한다. 부동산 부자 대신 '연타족(연금 타는 족)'이 뜨는 시대가 됐다"고 강조했다. 연타족으로서 경제적 자립(Finance)은 물론이고 취미(Field), 재미(Fun), 네트워크(Friends), 건강(Fitness)을 두루 갖춘 '5iveFs' 역시 행복한 은퇴 설계를 위해 잊지 말아야 할 키워드다. 마지막으로 놀자와 쓰자, 주자, 웃자, 걷자 등 '오(五)'자를 생활화해서 노후를 즐기자는 말로 강연을 마무리했다.

Part
07

실패를 줄이는
창업 노하우

소자본 창업 트렌드와 업종별 전략
'국내 창업에서 해외 진출까지' 창업 전략의 재구성

실패를 줄이는 창업 노하우

소자본 창업 트렌드와
업종별 전략

창업 시장의 새로운 트렌드

"모바일은 창업 시장에 지각변동을 일으켰다."

이경희 한국창업전략연구소 소장은 〈프랜차이즈 vs 개별창업

– 맥주홀에서 식당까지 업종별 창업 전략〉이란 주제로 강연에 나서 모바일이 창업 시장에 미치는 파급력에 주목했다.

이 소장은 "소셜네트워크서

이경희 한국창업전략연구소 소장

비스(SNS)로 인해 창업 시장에 큰 변화가 일어났다. SNS 입소문을 통해 굴지의 기업들도 이루지 못했던 성과를 거두는 시대가 됐다"고 말했다.

그는 코리안디저트카페 '설빙'을 SNS 파급력을 보여주는 예로 들었다. "젊은 창업자가 지방에서 조그맣게 운영하던 점포가 SNS의 영향력으로 프랜차이즈화 됐다. 이 브랜드가 설빙이다. 프랜차이즈 사업 1년 만에 전국적으로 500개가 넘는 매장을 열었다"고 설명했다.

아울러 이 소장은 "현재 우리나라에서 1,400만 명가량이 SNS를 활발하게 이용하고 있다. 그중 20~30대가 대부분을 차지하는데 이들은 미래의 소비 주체다. 젊은 세대가 시장을 주도하는 존재로 떠오르면서 시장은 빠른 속도로 변화하고 있다"며 '트렌드를 읽은 아이템'이 창업의 키워드라고 강조했다.

창업 시장의 현황 – 왜 창업인가

2012년 경제총조사에 따르면 현재 사업자 등록이 된 335만 5,000개 사업체 중 개인사업체 수는 256만 3,000개로 76.4%에 달한다. 그러나 매출액으로만 따지면 국내 전체 사업체에서 이 같은 개인사업체가 차지하는 구성비는 6.2%에 불과하다. 그럼에도

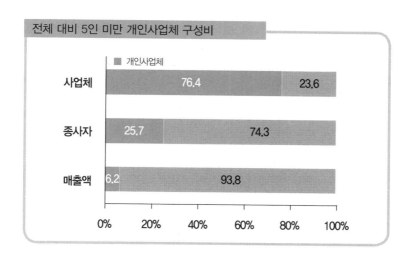

전체 대비 5인 미만 개인사업체 구성비

개인사업체

사업체	76.4	23.6
종사자	25.7	74.3
매출액	6.2	93.8

창업에 관심이 쏟아지는 것은 소비 패턴이 변하고 있기 때문이다.

국내 여러 가지 업태 중 백화점, 대형마트 등과 같은 전통적 채널에 대해서는 성장 정체기에 접어든 것 아니냐는 평가가 있다. 이런 원인 중 하나로 사회적인 여건의 변화에 따라 소비자가 선호하는 쇼핑의 형태가 달라지고 있다는 점이 꼽히기도 한다. 온라인이나 모바일 등 새로운 환경을 통해서 여러 형태의 쇼핑이 가능해지면서 과거처럼 백화점 등 대형 매장들을 찾을 기회가 줄었다는 것이다.

또 1·2인 가구 등이 증가하고 라이프 스타일 공간을 중시하는 소비 형태 등이 강화되면서 편의점이나 카페 같은 소형 점포 창업에 대한 관심이 높아졌다.

최근 여러 조사들을 보면 창업 시장에서 특정 분야로의 쏠림 현상은 여전하다. 이는 특정 분야에서만 프랜차이즈가 이뤄지고 있기 때문이다. 대표적인 분야는 치킨, 카페, 화장품, 베이커리 등이다. 프랜차이즈의 특정 분야 치중 현상은 해당 분야에서 상당한 표준화가 이뤄졌음을 뜻한다.

표준화되면 누가 하든지 같을 수 있다. 이는 이 업종을 창업할 때 장점과 단점으로 동시에 나타날 수 있다. 창업자가 많아 경쟁이 치열하다는 단점이 있지만 반대로 표준화된 분위기 속에서도 자신의 점포를 브랜드화하고 경쟁력을 키우면 살아남을 수 있는 기회도 늘어난다는 장점이 있다.

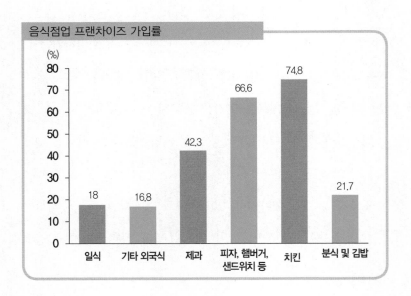

음식점업 프랜차이즈 가입률

사업 주체별 창업 트렌드 - 어떤 형태로 창업할 것인가?

1. 기업형

기업형 창업의 특징은 투자형 펀드를 결성한다는 점이다. 즉 펀드 투자를 통한 이익 배분을 한다. 여러 사람이 자본을 모으는 만큼 규모의 경제가 가능한 것이 장점으로 꼽힌다. 그 대표적인 예가 최근 떠오르고 있는 한식 뷔페 브랜드 중 하나인 '풀잎채'다. 풀잎채는 한 점포당 2~7명의 투자자가 참여해서 창업을 한다. 투자자들이 각자 1~3억 원씩을 투자해 8억 원 정도를 모아 점포를 만든다. 투자자들은 영업 성과에 따라 자신의 지분만큼 이익을 배당받을 수 있다. 풀잎채 본사는 이들 점포에 대한 운영을 대행해주고 로열티로 3~4%의 이익만을 가져가는 구조다.

이런 기업형 창업은 전문가 그룹이 운영에 참여할 수 있다는 장점이 있다. 비슷한 예로 건강·미용 전문 매장인 올리브영의 경우 여성 창업자가 많을 것 같지만 실제는 남성 점주가 많다. 운영을 회사에서 도와주니 남성 점주가 여러 개의 매장을 갖고 있는 경우도 적지 않다.

2. 프랜차이즈

프랜차이즈 분야의 최근 특징은 독창적인 지방 프랜차이즈가 성장하고 있다는 것이다. 그 대표적인 예가 설빙, 서가앤쿡, 미즈컨테이너 등이다. 소비자와 소통하는 젊은 창업자가 만든 브랜드가 성공을 거두는 것은 프랜차이즈 업계 경영자의 세대교체가 일어나고 있음을 의미하기도 한다.

또 다른 특징으로는 바른 먹거리를 강조하는 양상, 하나의 브랜드에서 다양한 버전의 메뉴 제공, 합리적인 가격 등이 있다. '바르다 김선생'은 김밥 프랜차이즈에서도 바른 먹거리를 강조해서 성공한 케이스다. '원할머니보쌈'은 보쌈집에서 국수·족발 메뉴를 선보이고, '투썸플레이스' 등 커피전문점은 빙수와 같은 디저트 등 다양한 버전의 메뉴들을 내놓고 있다. 고기를 1인분 먹으면 1인분을 추가로, 2인분을 먹으면 2인분을 추가로 주는 마케팅은 이제 단순 프로모션이 아닌 한 가게의 얼굴이 됐다. 합리적 가격이 가게의 콘셉트가 된 것이다.

상생 또한 새로운 트렌드로 자리 잡았다. 신세계그룹이 '고정 월회비, 자율 영업시간, 위약금 0원'을 내세운 편의점 '위드미'로 가맹점주를 불러 모았다. 프랜차이즈 본사는 가맹점주가 성공적으로 창업할 수 있도록 창업 아카데미, 창업 특강 등을 열고 있다.

3. 오리지널 점포

세계 어느 나라, 어느 도시든 똑같은 매장들만 있다면 사람들은 금세 지루해 할 것이다. 사람들은 새로운 매장을 찾아 헤맨다. 이런 심리를 파고드는 것이 경리단길, 가로수길, 지방 카페거리 등에서 시작된 오리지널 점포들이다.

창의적이고 독창적인 사업 모델을 개발한 이들은 개성 있는 아이디어로 시장을 공략하고 있다. 또한 SNS의 발달로 인해 이들의 브랜드 파워는 날이 갈수록 커지고 있다.

그 대표적인 예가 통인시장의 '효자바베'다. 치킨을 판매하는 이곳의 겉모습은 흡사 1970년대 목욕탕 같다. 그러나 양식 형태의 치킨 요리를 판매하는 새로운 모습을 보여주면서 문전성시를 이루는 식당으로 자리 잡았다. 가로수길의 '문어치킨'은 치킨과 문어의 결합이라는 새로운 메뉴를 만들어냈고, 경리단길의 '카올리포차나'는 허름한 인테리어와 태국 음식을 결합해 새로운 브랜드를 생산했다.

트렌드를 잘 보면 다양한 창업 기회를 얻을 수 있다

결국 창업에 있어서 중요한 것은 최근의 트렌드를 얼마나 잘 파악하고 있는가 하는 것이다. 요즘 가장 중요한 화두는 싱글·

1인 가구의 증가, 고령화, 저성장이다. 이 같은 시대 변화에 따라 전 산업을 관통하는 메가트렌드는 대략 6가지로 정리할 수 있다.

첫째는 '인터넷·IT·모바일' 시대의 도래다. 모바일을 통한 판매뿐만 아니라 모바일 액세서리 업종에 대한 접근도 가능하다.

둘째는 '스마트'다. 과일을 팔더라도 차별화가 가능하다. 과일을 선별하고 시간과 장소에 따라 맞춤 판매를 제공하는 '과일 소믈리에'가 운영하는 점포는 반드시 일반적인 과일가게와는 다를 것이다. 필터링 전문가가 돼야 한다는 얘기다.

셋째는 '그린·내추럴'이다. 인스턴트보다는 친환경 자연주의 재료를 사용한 곳이 성공을 거두는 시대다. 고객 맞춤형 서비스를 제공하는 '커스토마이즈'가 네 번째 트렌드, 위로라는 새로운 서비스를 제공하는 '힐링' 트렌드가 다섯 번째다. 그리고 해외로 나갈 수 있는 '글로벌' 시대가 도래한 것이 최근 들여다볼 수 있는 마지막 트렌드다.

'국내 창업에서 해외 진출까지'
창업 전략의 재구성

창업에 성공하려면?

"나쁜 아이템으로도 돈 많이 버는 사람은 많습니다. 결국 창업의 성패를 가르는 것은 경영주가 어떻게 하느냐입니다. 경영주가 성공 방정식을 지키지 않아서 실패하는 것입니다."

이상헌 한국창업경영연구소 소장

이상헌 한국창업경영연구소 소장은 2015 서울머니쇼에서 이같이 말했다. 〈창업 전략의 재구성〉이라는 주제로 진행된 강연에서 이 소장은 경영주의 역할에 대해 강조했다. 그는 "이익을 극대화하기 위해서는 인건비, 원·부재료율, 세금, 임대료를 줄여야 하는데 본인이 노력해서 줄일 수 있는 것은 인건비밖에 없다. 결국 경영주는 인건비 절감을 위해서라도 직원 대신 모든 업무를 할 수 있는 히딩크식 멀티플레이어가 돼야 한다"고 설명했다.

1. 경영주는 모두 다 할 줄 아는 멀티플레이어가 돼야 한다

외식업의 성공비결 중에 '3, 5, 2, 8, 12' 법칙이 있다. 이 법칙은 한 달 30일간의 영업일 중 첫 3일간의 매출로 임대료를, 다음 5일의 매출로 인건비를, 다음 2일의 매출로 전기·수도·가스 등 공공요금을, 다음 12일의 매출로 원·부재료 비용을 낼 수 있어야지만 나머지 8일간의 매출을 수익으로 남길 수 있다는 것이다. 인건비에 해당하는 비용을 5일이 아닌 그보다 짧은 기간 벌어들일 수 있다면 수익성은 더 커진다.

경영주가 멀티플레이어가 된다는 것은 모든 것을 할 줄 알아서 추가적 인건비를 줄일 수 있음을 의미한다. 또한 직접 하지 않더라도 멀티플레이어가 되어야 직원을 통제할 수 있다.

2. 열정을 대변하는 것은 구체적인 목표 설정이다

창업에도 열정은 빠질 수 없는 부분이다. 그러나 두루뭉술한 열정만으로는 아무것도 할 수 없다. 대부분 사업자들에게 '하루에 얼마나 팔아야 손익분기점이냐'는 질문을 하면 '50~70만 원'같이 두루뭉술한 대답을 하는 사람이 많다.

그들의 대답대로라면 그날 상황에 따라 매출 목표가 하루 20만 원, 한 달이면 600만 원의 차이가 나는데 이는 목표라고 말할 수가 없다. 정량적인 목표액을 정해야지만 원하는 수준이 달성되지 않았을 때 추가적인 시도라도 가능하다. 구체적인 목표가 없으면 경영주의 열정을 보여줄 여지조차 없어지는 것이다.

해외 진출

1. 해외 창업 진출 절차와 전략

해외 창업을 위한 절차는 크게 10단계로 나눠진다. 아래의 과정은 국내에서도 마찬가지로 적용돼야 하는 것들이지만 창업의 무대가 해외인 만큼 꼼꼼하게 확인해봐야 한다.

〈해외 창업 진출의 절차〉
진출국에 대한 정보 획득 → 창업 절차 & 관련 법규 점검 → 현지

언어 습득과 시장조사 → 전략 아이템에 대한 타당성 조사 → 소비 기호도 조사 → 제반 여건 점검(시설, 원·부재료, 기술, 유통) → 상권 및 입지 확정 → 시설 및 인허가 → 직원 구인 및 교육 → 운영

위 단계에 맞춰서 창업을 진행하는 중에도 세부적으로 신경 써야 할 것은 한둘이 아니다. 해외 창업을 위해서는 철저한 준비와 전략이 수반되어야 한다. 그중 법률, 현지화, 소비자 분석, 시장조사에 대해서 기본적으로 알아야 할 부분을 짚어보자.

법률

해외 창업에 앞서 결정돼야 할 것이 이민형 창업을 할지, 투자형 창업을 할지다. 이 선택에 따라 적용받을 법률이 달라지기 때문이다. 이걸 정했다면 가장 먼저 공부해야 할 것은 외환거래 관련법이다. 해당 국가의 외환 관련 법률을 모른 채로 함부로 돈을 송금하거나 투자하다가 낭패를 보기 십상이다.

또한 투자 주체에 대한 법규도 알아둬야 한다. 특히 투자 주체 당사자가 외국인일 경우 어떻게 되는지에 대한 사전 정보는 필수다. 그 밖에도 계약이나 세금 문제는 반드시 짚고 넘어가야 한다.

현지화

해외에서 창업하기 위해 현지화는 당연한 일이다. 그럼에도 불구하고 간단한 인사말조차 힘들어하는 창업 희망자들이 많다. 기본적인 현지어를 습득하고 직원 구인·교육을 실시하자. 현지 언어 습득은 고객·직원들과의 소통뿐만 아니라 시설이나 기기를 활용하는 데도 도움이 된다. 덧붙이자면 원·부재료와 유통 구조에도 현지화가 필요하다.

소비자 분석

'지피지기면 백전백승'이란 말이 식상하겠지만 이만큼 사업에 적합한 말도 없다. 소비자의 소비 성향 분석 없이 창업은 불가능하다. 표적고객의 구매력이 어느 정도 되는지 확인해봐야 하며, 영업은 어떻게 할 것인지도 정해야 한다. 또한 창업 아이템이 지속적으로 성장할 수 있는지도 확인해야 한다.

시장조사

소비자를 분석했다면 창업이 진행되는 시장에 대한 조사도 필요하다. 주변에 동종 또는 유사업종이 있는지를 검토해야 하며, 상권이나 입지에 대한 분석도 필요하다. 해당 시장의 구매 유형은 어떤지, 해당 시장 내에서 경쟁력이나 차별성이 얼마나 되는지도 살펴봐야 한다.

2. 해외 창업의 문제점 발견을 통한 발전

이제 구체적인 예를 통해 해외 창업 방법을 알아보자. 아래의 문제점을 반면교사 삼아 새로운 해외 창업의 기회를 잡아야 한다.

체계적인 준비의 부족

현지의 환경과 법률, 소비 기호도 등 다양한 점검 사항을 확인하고 검토하는 시간이 부족할 경우이다.

해외 진출을 위한 의사결정은 자신의 역량과 현지 국가에 대한 시장조사, 진출 방식, 법률적 검토 등 철저한 조사와 분석을 통해 이뤄져야 한다. 하지만 여전히 해외 진출 창업은 해당국에 거주하고 있는 교포의 요청에 의해서 성급히 점포를 오픈하거나 즉흥적으로 현실 도피형 진출을 하는 경우가 적지 않다.

중국이나 동남아에 지나치게 집중

국내 창업가들이 해외 창업지로 선택한 곳은 어디일까. 2014년 조사에 따르면 해외 창업지는 중국과 동남아시아가 56.1%로 가장 많았고 미국, 일본, 호주 등이 뒤를 이었다.

중국과 동남아는 매력적인 시장이지만 그만큼 위험 요소도 다양하다. 우선 관련법들 제정에 따라 시장 진입장벽이 높아졌고, 세계적인 브랜드들이 대거 진출해 경쟁 또한 치열하다. 또한 아직 취약한 계약 문화로 인해 실패 사례도 나오고 있다.

정부의 해외 수출 지원 제도와 관련 기관 활용 부족

중소기업청이나 산업통상자원부, 코트라에서 실시하는 해외 진출 지원 제도를 적극 활용해야 한다. 또 정부기관 등에서 발행하는 가이드북을 활용해 관련국의 세부 정보를 알아볼 필요가 있다.

부록

2015 서울머니쇼
정리 및 전망

3:3:4 전략과
참관객들의 이야기

행복한 내일을 준비하라

'초저금리와 고령화', 최근의 재테크 환경을 대표하는 단어들이다. 이 단어들을 천천히 살펴보면 길어진 노후를 위해서는 철저하게 준비해야 하지만, 환경은 녹록지 않다는 것을 읽을 수 있다. 더 많은 관심을 갖고 철저하게 전략을 짜야 할 수밖에 없다.

그렇다면 2015 서울머니쇼에서 특강을 펼친 재테크 고수들은 전반적으로 어떤 전략을 제시했을까? 많은 강사들의 의견을 종합해 보면 '3:3:4 전략'이라는 키워드를 읽을 수 있다.

30년의 사회 진출 준비를 거쳐 본격적인 경제활동 30년을 마쳐도 인생의 결론 격인 노후(老後)는 40년에 달한다. '인생 3:3:4 시대'로 표현되는 저금리·고령화 시대의 파도를 자산과 부동산, 국가별·종목별 투자 배분에 두루 적용되는 3:3:4 전략으로 대응해야 한다는 의견을 제시하는 연사들이 있었다. 투자처를 물색하고 투자 배분 전략을 고민할 때 이 숫자들을 고려해 보라는 게 재테크 고수들의 조언이었다.

2015 서울머니쇼 연사들이 제시한 3:3:4 전략

연사	구분	3:3:4
이채원 한국투자밸류자산운용 부사장	자산 비중	부동산:현금·채권: 주식
스티브 브라이스 SC그룹 글로벌투자전략 헤드	국가 비중	미·일:유럽:한국·기타 아시아
고준석 신한은행 동부이촌동 지점장	부동산 비중	주거용 아파트:소형 주택:상가

1. 자산 배분 3:3:4 전략 – 수익성에 주목하라

이채원 한국투자밸류자산운용 부사장은 "현금과 채권 등 유동 자산에 30%, 부동산에 30%를 투자하고 나머지 40%는 주식에 투자해야 한다. 가장 비중이 높은 주식의 종목도 각각 안정성 30%,

성장성 30%, 수익성 40%의 비율로 배분하면 좋다"고 말했다.

기나긴 노후를 대비해 높은 수익률을 기대할 수 있는 주식 투자 비중을 높여 잡되 주식 종목 배분 역시 현금 창출 능력이 우수한 수익성 종목에 초점을 맞추라는 주문이다. 정은영 KDB대우증권 PB클래스 갤러리아 부장은 "예년 대비 채권 비중을 40%에서 30%로 줄여야 한다"고 말했다.

'요즘 뜬다는' 주식, 종목 배분 어떻게

구분	비율(%)
안정성(단기 자산 가치)	30
성장성(장기 미래 가치)	30
수익성(현금 창출 능력)	40

※자료:이채원 한국투자밸류자산운용 부사장

2015 서울머니쇼 개막세션 연사인 스티브 브라이스 SC그룹 글로벌투자전략 헤드 역시 "주식과 채권의 수익률 차이는 역사적 평균을 상회하는 수준이다. 주식에 대한 비중을 확대해야 한다"고 강조했다. 그는 국가별 투자 배분에서도 3:3:4 전략을 적용할 수 있다고 제안했다.

2. 국가 배분 3:3:4 전략 – 선진국이 기본, 나머지는 한국과 기타 아시아에 담아라

적극적 성향의 투자자 기준 미국(21.3%)과 일본(8.7%)에 30%, 유럽에 30%, 한국(26.25%)과 기타 아시아 신흥국(13.75%)에 나머지 40%를 각각 투자하라고 브라이스 헤드는 제시했다. 보수적 투자자나 공격적 투자자의 경우도 비슷한 비율로 접근하면 된다고 설명했다.

스티브 브라이스 SC그룹 글로벌투자전략 헤드가 제시한 국가별 투자 배분

구분		투자 배분(%)
3	미국	21.3
	일본	8.7
3	유럽	30
4	한국	26.25
	기타 아시아	13.75
합계		100

※기타 아시아는 한국·일본 제외한 아시아 신흥국, 적극적 투자자 기준

아프리카를 비롯한 이머징국가의 투자 매력에 대한 연사들의 전망은 대체로 비관적이었다. 조용준 하나대투증권 리서치센터장은 "성장성이나 환율 측면에서 미국과 중국을 비롯한 일부 선진국, 신흥국의 비중을 높일 필요가 있다. 아프리카 등 이머징 국가

는 리스크가 커지는 추세라 현재로선 투자 바구니에서 제외해야 한다"고 말했다.

3. 부동산 3:3:4 전략 - 내집마련으로 시작해 소형 주택, 알짜상가로 노후 대비

부동산 전문가들 역시 단계적 부동산 투자 전략으로 3:3:4 전략을 제시했다. 고준석 신한은행 동부이촌동 지점장은 노후 40년을 대비하기 위한 30대·40대·50대 전략을 각각 내집마련, 소형 주택 투자, 알짜상가 투자 등 3단계로 구분했다.

고 지점장은 "악착같이 3억 원을 모으고 저금리를 활용한 대출 1억 원을 통해 가급적 중소형인 4억 원 안팎의 주거용 아파트를 구입하는 게 30대 초반의 과제다. 수도권 기준 향후 2~3년간 집값의 완만한 상승을 예상하는 만큼 무주택자의 내집마련은 지금이 적기"라고 조언했다.

3억 원가량의 2단계 종잣돈이 마련된다면 아파트 평수를 넓히는 대신 소형 주택에 투자하라고 고 지점장은 강조했다. 은퇴를 앞둔 50대는 여윳돈 4억 원에 저금리를 활용한 5~6억 원대 대출을 보태 10억 원 규모 알짜상가에 투자하라는 조언이 이어졌다. 고 지점장은 "40대는 원룸·투룸, 오피스텔보다 소형 주택을, 5~6억

원대 평범한 상가보다는 높은 수익률을 기대할 수 있는 10억 원

규모 알짜상가를 고르라"고 추천했다.

고준석 신한은행 지점장의 부동산 투자 전략

연령대	투자처(종잣돈)	대출금
30대 초중반	내집마련(3억 원)	1억 원
40대 전후	소형 주택(3억 원)	1~2억 원
50대 전후	알짜상가(4억 원)	5~6억 원

"여전히 부동산이 유망 투자처…주식 보유도 늘리겠다"

사흘간의 2015 서울머니쇼를 통해 국내외 손꼽히는 재테크 고

수들을 만난 참관객들은 어떤 생각을 했을까? 이들 상당수는 전년

에 이어 이번 서울머니쇼에 참가했고 10명 중 8명 이상은 2016 서

울머니쇼에도 참가하겠다는 뜻을 밝혔다. '재테크 마니아'인 이들

2015 서울머니쇼를 찾은 수만명의 참관객들

은 저금리를 맞아 부동산과 주식을 유망 투자처로 내다봤고 이 경향은 전년보다 짙어진 것으로 나타났다.

2015 서울머니쇼 사무국은 2015년 5월 13~15일 사흘간 서울 삼성동 코엑스에서 열린 2015 서울머니쇼 참관객 중 1,000명을 대상으로 설문조사를 진행했다. 알찬 재테크 특강과 풍부한 콘텐츠로 무장한 서울머니쇼를 2016년에도 찾겠다고 응답한 이들은 전체 응답자의 85.6%에 달했다.

2016 서울머니쇼 재방문 의사

구분	비율(%)
그렇다	85.6
보통이다	10.4
아니다	2.4
무응답	1.6
합계	100

※2015 서울머니쇼 참관객 1,000명 설문조사

참가자들은 향후 1년간 가장 높은 수익이 예상되는 상품으로 부동산(30.4%)과 국내 주식(19.2%)을 가장 많이 꼽았다. 전년 같은 설문조사(20.6%, 17%)보다 각각 9.8%포인트, 2.2%포인트 상승한 수치다. 반면 채권과 예·적금을 꼽은 응답자는 전체 응답자의 각각 3.4%, 2.6%에 불과했다.

유현숙 NH투자증권 프리미어블루 강북센터 이사는 "주식 선호도가 여전하지만 심리적인 요인으로 실물을 쥐고 있을 수 있는 부동산에 대한 선호가 예년보다 높아진 것으로 보인다"고 말했다.

향후 1년간 가장 높은 수익이 예상되는 상품

구분	2014년(%)	2015년(%)
부동산↑	20.6	30.4
국내 주식↑	17	19.2
주식형 펀드↓	18	15.9
채권↓	8.3	3.4
예·적금↓	3.7	2.6
기타	32.4	28.5
합계	100	100

※서울머니쇼 참관객 1,000명 설문조사

1. 3명 중 2명 "부동산 시장 회복될 것"

늦어도 연말까지 부동산 시장이 회복될 것으로 내다본 참가자들은 48.2%로 전체 응답자의 절반에 가까웠다. 부동산 시장이 회복되는 데 1년 이상의 시간이 걸릴 것이라는 응답(18%)까지 포함하면 3명 중 2명이 부동산 시장 호전을 내다본 것이다.

고준석 신한은행 동부이촌동 지점장은 "저금리 지속에 따른 돌파구를 부동산으로 보는 경향이 예년보다 강해졌다. 살던 집을 넓혀나가며 차익을 달성하는 트렌드가 가고 여윳돈으로 또 다른 소형 주택, 알짜상가에 투자하는 방식으로 바뀌었다"고 전했다.

지역별로 보면 서울 강남 지역 부동산의 상승세를 점친 참가자가 전체의 43.2%로 가장 높았고 응답률도 2014년(30.1%)보다 13.1%포인트 상승했다. 반면 지방 대도시(7.1%)나 송도 · 청라 · 영종도 등 인천 주변(6.6%)의 상승 전망은 전년(각각 11.6%, 10.5%)보다 감소했다.

고 지점장은 "여윳돈을 갖고 있는 사람들을 중심으로 강남 부동산에 대한 믿음이 커졌다. 중대형이 아니라 소형에 집중되고 있는 관심이라는 데 주목해야 한다"고 강조했다.

2. 주식 비중 늘리겠다 63%…전년보다 6% 상승

비교적 높은 수익을 달성할 수 있는 주식에 대한 관심도 늘어난 것으로 조사됐다. 보유 주식 비중을 늘리겠다고 한 참가자는 2014년 57%에서 2015년 63%로 늘어났다.

전체 참가자 3명 중 1명가량(32.6%)은 '추가 상승 여력이 있어

(주식을) 더 사야 한다'고 응답했고 '단기 고점으로 현금(을) 확보한 뒤 떨어지면 추가 매수해야 한다'는 응답(24.4%)도 적지 않았다. 종목별로 보면 2014년(24.7%)에 이어 IT주(24.4%)를 가장 매력적인 추가 매수 종목으로 꼽은 응답자가 가장 많았다.

자동차주(16.2%→7.8%), 통신주(7.7%→5%)에 대한 관심은 전년보다 시들해진 반면 화학 등 소재주(9.6%→14.3%)와 유통, 식음료 등 내수주(9.2%→15.8%)를 매력적으로 내다본 참가자들이 늘어났다.

제로 금리시대, 백점 투자비법

초판 1쇄 2015년 7월 7일
　　3쇄 2015년 9월 23일

지은이 매일경제 서울머니쇼 취재팀
펴낸이 전호림　**편집총괄** 고원상　**담당PD** 이승민　**펴낸곳** 매경출판㈜
등　록 2003년 4월 24일(No. 2 – 3759)
주　소 우)100 – 728 서울특별시 중구 퇴계로 190 (필동 1가) 매경미디어센터 9층
홈페이지 www.mkbook.co.kr
전　화 02)2000 – 2610(기획편집)　02)2000 – 2636(마케팅)　02)2000 – 2606(구입 문의)
팩　스 02)2000 – 2609　**이메일** publish@mk.co.kr
인쇄 · 제본 ㈜M – print　031)8071 – 0961

ISBN 979–11–5542–315–8(03320)
값 14,000원